天涯足痕

海外考古访问录

韩 伟◎著　　文物出版社

责任编辑　秦　雍、李　睿
封面设计　张希广
责任印制　陆　联

图书在版编目（CIP）数据

天涯足痕：海外考古访问录/韩伟著 . - 北京：文物出版社，2003.9
ISBN 7 - 5010 - 1482 - 5

Ⅰ . 天…　Ⅱ . 韩…　Ⅲ . 文物 - 考古 - 世界 - 文集
Ⅳ . K86 - 53

中国版本图书馆 CIP 数据核字（2003）第 033062 号

天涯足痕——海外考古访问录
韩　伟　著
文 物 出 版 社 出 版 发 行
（北京五四大街29号）

http：//www. wenwu. com
E - mail：web@wenwu. com
北京文博利奥印刷有限公司制版
北京美通印刷有限公司印刷
新 华 书 店 经 销
889×1194　1/32　印张：7.125
2003 年 9 月第一版　2003 年 9 月第一次印刷
ISBN 7 - 5010 - 1482 - 5/K·722　定价：30.00 元

目　　录

夏日远赴加拿大

1986年7月31日至8月12日，我参加中国的学术交流团赴加拿大蒙特利尔市，就"华夏瑰宝"展览的有关内容，带去关于中国古代地震、唐代金银器装饰艺术、楚国漆器绘画、中山国古文化等学术论文，与加方有关大学、研究机构进行交流。这是我首次出国访问，心情特别激动。

赴加前有关领导反复向学术团成员交待了学术活动的目的，指导了论文的修订，尤其重点介绍了加拿大风俗习惯及前两次代表团之经验，给我们打好了适应去加拿大考察、交流活动的思想基础，保证了代表团始终以乐观的态度完成赴加任务。抵加后我们立即将拟定在加进行的交流项目、形式向大使馆汇报，共同拟定日程。在赴渥太华交流活动时使馆不仅安排食宿，还派员在当地华侨餐馆陪餐并陪同两个半天参观活动。余湛大使先后两次接见并与我们就展览内容、宣传工作、当地土人历史、亚洲与北美洲之历史渊源等问题，进行了长时间的交谈。所有这些，对学术团能圆满完成访问任务都起到很大作用。

交流前，为了使学术团成员对加拿大有较深刻较全面的认识，我们向加方提出多项参观项目。加方委派查理士陪同，尽量满足我们的要求。先后参观了蒙特利尔市勘克地尔大学、蒙特利尔大学、魁北克省拉巴克大学；去首都渥太华参观了加拿大国家文物保护研究所、渥太华印第安人研究中心、加拿大文明博物馆、自然博物馆、秘鲁彩陶展览；还分别参观了蒙特利尔市大小教堂、魁北克省号称美洲第一的大教堂、渥太华国会山，魁北克省古城堡以及蒙特利尔市的奥林匹克运动场，费勒斯农庄、植物园、艺术博物馆、股票交易市场等。总之可以说，学术团参观了加拿大魁北克地区的政治、经济、文化、宗教、艺术、教育等诸方面，对第二世界的面目、人民生活状况有了一些理性或感性的认识，这对于理解当前我国的改革开放，如何走具有中国特色的社会主义道路都有裨益。学术团每个成员都认为扩大了视野，不虚此行。

我们去加拿大，无论与蒙特利尔市东亚研究所或其他学术单位交流，都把重点放在对文物建筑保护法令、措施以及土著民族考古成就方面，因此，对这方面情况了解得比较深些。1986 年 8 月 7 日下午学术团决定以我为主要解答人，在文明宫展厅内设讲座随时回答观众提问。在回答提问前学术团还有很多顾虑，诸如是否有失身份、观众问题是否刁钻古怪、会不会有政治上挑衅性问题等等。不过一个下午的实践证明许多想法是多虑的。在加拿大，总统也要回答选民们的问题，这是正常的社会活动。所有观众都对学术交流团非常友好、热情，那其实是对中华文明的崇敬。他们不分男女老少，有什么问题都提出。问题涉及到国家制度、文字结构、中医中药、建筑思想、考古成就、保护措施、文物名称、发掘方法等等方面，气氛活跃态度真挚。更多观众向学术团表示看到这么文明灿烂的古文物，内心里充满欢愉，并不断向我们致谢。学术团解答问题后，8 月 11 日下午蒙特利尔市德拉波市长予以接见，对展览充分肯定，并在依兰德沙布餐厅设宴招待了学术团。

加拿大在文物保护方面的成就突出，给学术团留下了深刻印象。他们除了严格遵守 1931 年、1964 年国际会议制订的雅典宪章及威尼斯宪章外，国家、魁北克省、蒙特利尔市都分别制定有文物保护法令，而且规定得更具体更细致。他们在保护文物的观念上，有值得注意的地方就是强调文物、古建的情感价值，如每个地区通过文物所看到的历史延续性、象征性、宗教崇拜；文化价值，即对考古学、人类学、科学与技术等方面的作用；使用价值，如功能性的、政治性的等等。这三种文物观念，无论在国会山、各地教堂、古城堡都可体现出来。具体措施上以防止破坏为主要手段。各个古建筑或博物馆，都可看到地震仪、温湿度计、测量污染的仪器。他们以这些手段经常、定期检查文物建筑及其环境，及时清除隐患，避免发生破坏。在这些方面投资设备不惜工本，实质上是最经济的。因为花很大代价修复文物古建，无论多高技巧，都会降低文物的历史价值。与人民感情相维系的文物、古建也可重建，如参议院火灾后又重新建造，但要求真实性，连火烧的痕迹还可看出。每座古建周围 200 米内不得建造现代化建筑。保护一座古建筑，意味着要适当地保护一个历史环境。这种文物保护的思想很值得学习借鉴。

学术团参观了加拿大渥太华国家博物馆，这是一座以现代化的手段展现加拿大历史的大型博物馆。它充分使用电影、电视、幻灯、录像、画面的方法，综合地逼真地向观众介绍爱斯基摩印第安人的生活、文化。每座大展室前，都有不断反复放映的电影，将所要展出的陈列品，通过电影或电视画面以了解其使用、制造情况。如北美土著之一爱斯基摩人的渔猎生活，拍成电影，没有一句话，观众就可了解到他们是如何迁徙、造石器、垒堰、捕鱼、凿木取火、进食；在模拟为印第安人的宗教场所内，反复播放他们祈祷、驱鬼占卜的歌声；在放有细石器展品室内，电视机内反复放映这类细石器的制造过程；在印第安人历史展厅内，将考古发掘工地全部复制，每个层次都以明显界限隔开，每座探方旁有两部电话机，观众拿起电话机就可听到有关这座探方的详情介绍。将枯燥的考古变成印第安人历史衍变的生动场所，手段大胆、效果明显，很值得学习。

他们征集文物方面的许多观念，值得重视。其历史文物不仅包含能够见证某些文明、某些历史事件、精巧的艺术品，而且也适用于由于时光流逝而获得文化意义的在目前并不显得重要的物品。如在民俗博物馆，我们看到有 3－5 年、20－200 年之间的世界民俗物品，其中有石磨、纺车、瓷瓶、木椅、中国佛山造的鼓等等，甚至连 3－5 年前吃的面包都征集收藏起来，精心保存。这些做法令人吃惊之余，感到他们非常认真，而且有一定的战略眼光。

在加拿大文物保护研究所内，我们看到他们的纸张书画保护室、纺织编织物保护室、家具保护室、考古修复室、分析研究室等单位，工作非常细致。如在书画保护室中，装裱一份 1829 年的作品，先拍成幻灯片，将残破情况真实记录，然后把化纤物溶于有机液中，填补残破之处，再造作出与画面适应的纸张托裱，修复质量很高。在分析室中，观看了他们用放射性衍射器，通过一块水泥，研究建筑年代及其外观的颜色。许多设备是见所未见、闻所未闻的。加拿大政府每年拨研究费用 160 万加元，另给工资 200 万加元，其规模、气度是国内无法比拟的。而他们保护的最早文物不过是 16 世纪的东西，真让人感到我们的文物太珍贵了，同时我们的设备太落后了。

在加拿大期间，余湛大使还亲切接见了我们。他不赞成学术团去北极圈内访问。他说你们都是著名学者，出了事故大使馆负不起责任。因此去北极圈内考查爱斯基摩人的计划没有实施。

余湛大使还说，我们今后举办国外展览应规模小、宣传好，让人看了以后都想到中国去，如同是个广告，而不是看了后就不再去了，认为已认识了中华文明。同时如果参展精品太多，一旦出事，损失不可弥补，我们就要成千古罪人。对派出国的情况了解深刻与否，是展览、学术交流成败的关键。今后若组织学术交流，应事先拟定题目，交有关省提早准备，在加拿大等不了解中国的国度里，应以通俗为主，当然美、日、法国应另当别论。应向国家文物局建议，扩大文物保护范围，做好民俗文物征集，增添更新中国文物保护研究所的设备，以符合文物大国的需要。

加拿大属第二世界，那是个文明发达的国家。我们在学术交流中感慨很多，也充满自信，创造了光辉灿烂古代文明的炎黄子孙，在发展现代文明中绝不会永远落后于西方世界的。

穿破云涛访问法国、比利时

为寻求法国企业家对陕西历史博物馆发掘项目的资助，也为帮助法国及英国、比利时、瑞士的文物收藏家鉴别金银器之真伪，我接受了巴黎克里斯狄安·戴迪安（Christan Deydier）先生的邀请，拟于1994年4月下旬访欧。戴迪安先生立即寄来4月25日北京—巴黎机票，同时寄来访问四国的邀请函。在参加全国政协会议期间，即开始办理赴欧的签证手续。当得到法国大使馆签证后，其余三国已没有送签的时间了。于是只好一面电告戴迪安，一面乘4月25日航班飞往巴黎。

我是第二次去巴黎了。第一次是巴黎第八大学维维亚娜教授申请到法国文化部资金后，邀请我到巴黎第八大学、一大、巴黎汉学研究中心、吉美博物馆发表学术讲演并进行研究。这次，飞机经过10小时之长途飞行，渐渐的看见巴黎了。巴黎是从城岛扩充形成的。城区盘旋在蒙巴纳斯、蒙马特尔、麦尼尔蒙坦、圣热娜维沃、夏乐、朔蒙和鹌鹑岗等七座山丘上。最早露出水面的是白色岩质的卢泰斯岛。因此有人形容巴黎如同"出水芙蓉"，是从塞纳河中浮出来的。巴黎有她惊人的智慧和美貌，城区充满了几百年前的古典建筑。十字街头、广场、公园内随处可见各个时代的雕塑，空气中弥漫着浓浓的文化艺术气息。每日清晨，巷陌之道沿旁，均有汩汩流水，清道夫将街面垃圾扫入流水之中，然后通过地下水道输送到远方。所以，漫步在清晨的巴黎街道上是一种惬意的享受。

4月25日安抵巴黎，即与前来迎接的戴迪安先生、翻译艾丽丝小姐商量谈判事宜。遂与尼古拉先生、朱莉亚夫人、戴迪安等三次就法国"陕西历史博物馆之友"协会资助陕西历史博物馆发掘礼泉八抬轿唐墓事，进行充分协商，达成以下协议：

1. 法方资助 3 万美金。

2. 陕西历史博物馆承担八抬轿唐墓全部发掘工程，所获文物归陕西历史博物馆所有。

3. 由法方承担资金拍摄墓葬发掘经过及壁画保护情况的录像。

4. 发掘报告及专著由中方撰写，法方负责译成法、英文，在法国出版，经费由法方负担。

5. 发掘文物拟在巴黎举行一次展览，经费由法方负责。

6. 待中方主管机构批准后，本协议方可有效。

这是陕西历史博物馆与海外第一次合作。法国的"陕西历史博物馆之友"参加者大多为企业家、银行家，对东方艺术极崇拜，所以热情很高。法国"陕西历史博物馆之友"协会的成立对今后引进外资发展陕西省文博事业是很有意义。

在谈判空隙，戴迪安邀我到他家鉴赏私人收藏。他的家如同一座博物馆，从陶俑、青瓷直到青铜器、明清家具，收藏丰巨而品位极高。他又以收藏历代金银器为嗜好。当鉴赏完战国、唐代、辽代各色器物后，戴迪安从室内取出 54 片大小不一的金箔饰片。金箔厚度不一。最大的为錾刻成鸥枭的金箔饰片，高约 50 多厘米，宽约 25 厘米，四角有钉孔，鸥枭圆睛钩喙，翎毛逼真，表面光亮，背部未经打磨。除这片鸥枭外，另有大小递增的金饰片，其纹饰似为垂鳞。大小金片的纹饰之制法是，先以头部呈三角形之木凿冲凿金片背面，形成 V 状沟槽。然后再以犀利之刃具在背面沟槽中心錾刻一道纹路，使 V 状沟槽正面效果更显著。戴迪安认为饰片为古代甲胄之装饰，我据钉孔粘连之木屑及金片形状，推断其为棺椁之装饰。同出的还有金虎。因未能拿到去英国的签证，戴迪安派专人从伦敦运来两只金虎，据说比我去趟英国之花费要大得多。金虎通长41、高16、腹宽3－4厘米，行虎回首，阔鼻上卷，鼻孔圆小，尖耳直尾，身体硕长，双腿卷曲，双爪如钩。通身以金箔包裹木芯，以十段不同形状的金箔片互相铆钉，套接组成金虎。全身以朱砂描绘出的平行纹表示虎毛之特点。从时代上看，大约属西周晚期秦人之文物。

那天，我去巴黎德尼斯家探望桑韶华。她来巴黎留学已有六年，已取得硕士学位，被法国文化部下属的修复专家小组接纳成正式工作人员。听到我来巴黎的消息，特地从诺曼底赶回。她陪我漫步在巴斯德街道上，不远的广场中心草坪上耸立着白色的巴斯德巨大雕像。巴斯德（1822—1895年）法国化学家、微生物学家。证明发酵及传染病是微生物引起的，首先应用疫苗接种以预防狂犬病、炭疽、鸡霍乱，挽救了法、英等国的养蚕业、啤酒和酿酒法，开创了立体化学，发明了巴氏消毒法，在科学研究方法上带来一场革命。1882年被选为法兰西学院院士，在全世界学术界有着崇高评价。以他的名字命名的研究所、街道，并在显要位置塑像，表示了对知识、科学、人才的尊重。我们站在塑像前想拍张合影，但在这里很难找到闲逸之人。恰在此时一位妇人用目光征询是否能帮助拍照，我定睛一看，大喜，原来面前妇人是法国著名汉学家汪德曼的夫人。夫人是越南裔，精神矍铄，和蔼可亲。我第一次受邀来访，汪德曼教授是将我向法国文化部推荐人之一，就住在附近，因此有此邂逅相遇。

从塑像再往北行，即看见金碧辉煌的残废军人院。这座建筑原是法王路易十四于1670年让人按建筑设计师勃·鲁昂的设计建造的，附有十六座结构匀称的庭院，供当时七千名残废士兵住宿。最引人注目的是那个圆形小教堂中心拿破仑一世的石棺。石棺以芬兰红花岗岩雕成，里面存放着 1840 年从大西洋圣赫勒拿岛运回的拿破仑骨灰，至今仍受川流不息的人们瞻仰。

再往前走就是塞纳河了。塞纳河发源于法国东部的朗格尔高原。她舒展双臂拥抱着圣路易岛，两岸树影婆娑，春藤凝绿，鲜花怒放，春意盎然。由 30 多座桥沟通着南北两岸，其中 14 座大桥跟城岛和圣路易岛相连，可以说巴黎的生活潮流通过纵横的街道都注入了塞纳河之中。这些大桥中，最辉煌的就是眼前这座亚历山大大桥。1812 年拿破仑发动侵略俄国战争，结果损兵折将，精锐尽失。1814 年沙皇亚历山大一世率反法联军进入巴黎，拿破仑被迫退位。1815 年 9 月，亚历山大一世提议俄、普、奥三国君主缔结"神圣同盟"，约定哪里有革命就一同去镇压，黑暗笼罩全欧洲。此后以亚历山大三世命名修建了这座桥。桥上有腾空飞翔、栩栩如生的天马四匹，通身贴金，在碧蓝晴空衬托下，显得格外壮丽。桥侧华灯及雕塑莫不精致、豪华，但却是那个乌云滚翻时代的见证。走下桥头在小王宫前意外听到陕西口音。原来是咸阳保健衫厂郑厂长前来参加博览会，偷闲参观卢浮宫而打听道路。乡党相见于异国，格外亲切，相约去国际博览会观光。

巴黎的国际博览会有着悠久的历史。1889 年就举行过"万国博览会"，所以，博览会最少有一百多年历史了。博览会会址设在巴黎亚历山大大门之外，占地广阔，7 座展览大厅之建筑各具特色。大会内外装饰得五彩缤纷，人头攒动，熙熙攘攘。据桑君说，前一次博览会荡漾着热烈气氛。每日有拉丁美洲国家的美丽少女现场表演神奇诡异的舞蹈。她们着装大胆，使人瞠目结舌，不少游客蜂拥而至。今年气氛相对庄重。但五光十色、形态各异的具有亚洲、非洲、拉美浓烈土风的雕刻、装饰物仍吸引着大量游客。我们还参观了法国家具展览馆，其中家用塑料活动游泳池、成套灶具给人留下深刻印象，不由得赞叹外国人在生活上的细腻与周到。咸阳保健衫得到博览会主席高度赞誉，认为是具有神力的"魔衫"，可望得到本届博览会的大奖。郑厂长随手送给桑君一件，请她在法国朋友中代为宣传。与我同机到达巴黎的天津工艺品厂的推销员在这儿也相见了。带队参加这次展览的中国发明协会副部长胡宏伟先生估计，我国参展的各单位成交额均可达到预期标准。

戴迪安为我能在法国获得比利时、瑞士、英国的签证，紧张地进行着联系，后两国已不存在任何希望了，而比利时的签证却得到了菲利普先生的协助。这天，我与戴迪安、艾丽丝同到凯旋门附近的比利时领事馆办理签证手续。开始遭到拒绝，待出示菲利普先生函件后，办事人员即转身进入领馆之内。少顷，掀动按钮开启铁门迎我们到内室，取出5张表格并索要五张照片要我们填写，态度殷勤备至，很快办妥手续。戴迪安有事先走了，我与艾丽丝决定登上凯旋门。巴黎一共有三座凯旋门。一座在卢浮宫之路易十四广场，是拿破仑仿罗马某座城门式样建造的。最初拿破仑从威尼斯圣马克教堂抢来了驷马铜像安在门顶上，但到1814年归还给了威尼斯。现在的塑像就逊色多了。最新的一座在巴黎新区马丁芳斯。仿照凯旋门的形式，但两侧及门顶则全是隐蔽的办公写字间，门高几十层楼，极为雄伟。我们即将登上的凯旋门，巍峨盘踞在香榭丽舍大街的尽头。这条举世闻名遍布花坛美荫的宽敞大街长1880米，如同北京的长安街一样，凡到巴黎的人无不在此徜徉。凯旋门地势高隆，四周净是花园式建筑，1806年拿破仑为了庆功而兴建，是全世界最大的一座凯旋门。门上雕刻着1792－1815年间法国资产阶级革命史上有情有力、有血有肉的悲壮史篇。我们乘电梯登上了门顶，巴黎市内街巷与鳞次栉比的楼房、塞纳河岸之绿林、香榭丽舍大街、协和广场、蒙马特尔高地、巴黎圣母院、布格涅森林等尽收眼底。同行的艾丽丝说：布格涅森林特别美丽诱人。在第二帝国时代，路易·波拿巴曾命人对森林进行精心整治，掘土成湖，垒石为山，凿引流泉，形成瀑布，亭台楼阁，草坪花坛，应有尽有，是巴黎郊游的胜地。转到门顶这边，矩形的协和广场从望远镜中看得很清晰。1792年巴黎人民推翻了广场中心路易十五铜像，次年又在此处死了路易十六、王后玛丽·安东尼奈特。而在热月政变后，革命党雅各宾派的领导人罗伯斯庇尔亦在这儿被送上断头台。在当时摆断头机的地方，现在矗立着1836年埃及总督穆罕默德·阿里送给法国的礼物——卢克索纪念碑。这座高大刻满以楔形文字记载埃及上古历史的方尖形石碑，原先放在古代上埃及京城冈比斯的卢克索神庙之中。啊，巴黎的每一寸土地，都饱含着历史，给人以无尽的思索！

巴黎是个博物馆之城，据说有70多个形形色色的博物馆。卢浮宫位于巴黎第一区，是由卢浮宫与新卢浮宫组成的。始建于12世纪末的法王菲利浦·奥古斯时代，到19世纪基本定型，先后经历了700多年建设。1793年将这座象征君权的宫殿变成共和国博物馆。里面有200多座展览厅，仅画廊的长度就达数公里，是世界上最大的博物馆，宫内陈列着两河流域古代文明至欧洲19世纪无数光彩夺目的奇珍异宝。上次访法时，我先后三次来卢浮宫参观。曾偷偷拍照过达·芬奇于1503年动笔、竭力四载尚未完成的为乔贡德之妻蒙娜丽莎的画像。为了寻找维纳斯，我跑过许多展厅，终于在德农厅左边看见了1820年在爱琴海中的希腊美洛斯岛发现的这尊雕刻艺术的明珠。维纳斯那种优雅超凡的美感，至今还深深的沁人肺腑。这次来巴黎，卢浮宫当然是必然参观之处。尤其听吉美博物馆同仁告知卢浮宫在地下建立了文物保护室，很想了解一下他们设备等情况，吉美的曹慧中小姐愿作向导，并与卢浮宫取得联系。我与桑君、艾丽丝抵达卢浮时，曹已在贝聿铭先生设计的玻璃钢金字塔入口久候了。我发现卢浮宫墙上的雕像洁白多了，她们告诉我近来使用激光清洗技术，既不伤害文物，又可除掉历史沉积的污垢，所以露出了庐山真面目。通过联系我们坐电梯到达地下文保室，这里规模极大，设备精良。在年代、成分、探伤、修复等方面，均有先进手段可以达到研究、陈列要求。卢浮宫地下有许多建筑，而且围绕这些地下建筑，修筑有环道以相互沟通。法国极重视地下空间的利用，是世界上最早修筑多层地铁的国家，许多大型商场就建在地下，珍视土地，提高单位面积土地利用率的事例到处可见。从文保室出来，进入新开设的阿拉伯展厅。在这里我发现了罂粟纹样装饰的阿拉伯瓷盘，大为兴奋。这为我推断法门寺地宫琉璃器系伊斯兰琉璃，提供了有力的实物证据。陪同我的曹慧中小姐答应为我提供照片，以供研究之用。

　　巴黎圣母院、埃菲尔铁塔、圣心教堂、凡尔赛宫等名胜，在第一次来巴黎时已参观过了。当有人问我还想去什么地方，我即提出"枫丹白露"。枫丹白露在巴黎东南，原是一块人迹罕至的森林。传说一位法兰西国王入林行猎，走失了一只叫"白露"的爱犬。在四处求索之际，却发现了一泓潺潺泉水，故以犬名命其为"白露泉"。从此白露泉闻名遐迩。旅法华人前去观光，将法文"喷泉"这个词按音译成"枫丹"，遂有诗情画意般的"枫丹白露"之美名。当身临其境，看着轻烟拂水的白露泉，远眺彼耶森林的红叶，令人叹服这翻译与景色之绝妙巧合。这里的古堡曾是拿破仑一世为款待参加他的加冕而来的教皇庇护七世之场所。拿破仑于1814年3月将此处辟为寝宫，但10月5日就被迫退位，20日在古堡的白马院与臣民告别，登上通往厄尔巴岛的流亡之路。在厄尔巴岛他趁欧洲封建势力复辟造成的混乱，策划了"百日政变"。返回枫丹白露，再次在白马院阅兵，跟欧洲的神圣同盟决一死战，终在比利时滑铁卢一役失败被囚，死在大西洋中的圣赫勒拿岛上。参观完改称为"诀别院"的白马院，以及拿破仑皇后收藏的传说为颐和园的珠宝、瓷器，我漫步在枫丹白露的大森林中，碧草萋萋，鲜花簇簇，妖娆艳丽，香胜茉莉，尤其是听着林涛的喧腾，看着凫卧于泉湖之滨的天鹅，穿行在透过浓荫洒于异草滋蔓湿地上太阳光柱之中，顿觉心灵之萧爽，更感枫丹白露之惹人爱怜了。

法国事情处理完了，我们即赴比利时。比利时王国在欧洲西部，面积3万多平方公里。北部为弗拉芒人，讲弗拉芒语；南部瓦隆人，讲法语。两种语言均为官方语言。因此，戴迪安、艾丽丝就陪我一块去比利时。从飞机上鸟瞰法北平原，河流纵横，浑如素练，湖泊莹澈，丘陵苍郁，由巴黎到比利时首都布鲁塞尔御风而行，天气万里澄清，使人顿有出尘寰、入霄汉之感觉。抵布鲁塞尔后，在宾馆小憩即赴大法院所在地。这里有璀巍壮丽的建筑，而矗立在大法院广场中心的第一次世界大战、第二次世界大战将士阵亡碑，却勾起了人们对这段历史的回忆。

德皇威廉二世是战争狂人，为了重新瓜分世界，他想速战速决，三个月内击败法国、俄国。1914年8月4日德军大举侵入中立国比利时，当即遭到比利时的顽强抵抗，直到20日才占领了布鲁塞尔，而比利时军民付出了巨大牺牲。希特勒重温威廉二世之旧梦，1940年4月9日以闪电战两天内占领丹麦、挪威后，即于5月10日攻打比利时。这个中立国又一次受到德国侵略者的蹂躏。德国占领比国后，绕过马其诺防线，攻入了法国。比利时在两次世界大战中深受战争的灾害，但从未屈服过。两碑雕像生动的反映了比国军民顽强抗争、不畏强暴的民族性格，使人流连忘返。

由大法院向右转，就到了布鲁塞尔有名的古董街，在许多临街的橱窗中，都可看到中国历代文物。由于有戴迪安陪同，我们可到一些商店的楼上、地下室见到一般人见不到的东西，在一座古董店内见到有铭文青铜器。到克莱斯夫人古董店后，克莱斯夫人刚从中国参加国际冶金史学讨论会回来，西安参观时我曾接待过她，对我的到来表示了极大热忱。她自述20世纪50年代末，曾在中国担任新闻记者，住在北京天桥一带，从接触中国文物到产生浓厚兴趣，于是放弃记者生涯专搞中国古董之经营。她的这爿店，规模宏大，风格雅致，并以收藏中国高等级文物而著称于比利时。我们除鉴赏了店堂内陈设的各类文物外，她还让两位衣着、修养不凡的女职员不断从库房内取出珍贵藏品让我们过目。其中重要的有填金鸟篆文的战国铜戈、大型的错金银虎镇、匈奴的金牌饰，以及许多唐、辽之金银器。不过她收藏的唐代壁画、线雕石门均为赝品，还有一件唐代凤鸟金杯亦是近年仿制的。

由于菲利普（Zengallery）先生介绍我顺利得到比国签证，所以到布鲁塞尔后，约定时间登门造访。菲利普先生是20世纪40年代比利时驻中国公使纪佑穆先生之子，在比国属显贵人士。他酷爱中国文化，对现代派雕塑亦有研究。客厅内设通楹大柜，柜外有中国式屏风，可滑动推拉显露出后面之架架珍宝，丹函翠蕴，灿然夺目。我们鉴赏后，落座于客厅环形沙发。沙发中间之矮几上，放置了许多精巧古玩，其中一件中国常见的银锁引起我的兴趣。银锁一面錾有祥瑞图案，另一面錾刻有："大比国全权公使男爵纪佑穆公子费利伯诞生纪念，彬熙颂赠"，其间还有"长命百岁、富贵寿考"八字。菲利普先生说：彬熙曾在清宫中任职，后为其父服务。当他诞生时，彬熙请人打造了这把长命银锁，他很珍惜，相随至今。他还说：70年代他曾协助法国人，与黄镇大使谈判，恢复了法中外交关系，当时签约场所，就是给我来比利时签证的凯旋门附近之领事馆。接着，他神色庄重的说有一件非常重要的事情要告诉中国人。菲利普先生说："我一直想告诉中国人，北京猿人头骨的下落。1939 年日本人到了北平，法国牧师卡尔丹夫妇曾参加过北京猿人的发掘。为了保护这份世界财宝，他们夫妇将北京猿人头骨等包装入箱准备运出，但被日本人掳去，这是我的父母亲眼看见并不断给我们讲述过的。所以，北京猿人的头骨应该到日本去找！"他的这番话简直让我激动不已，当即问此段话是否可公开发表。菲利普先生斩钉截铁地说："当然可以。"大家知道，北京猿人是早期的人类化石，距今约 70－20 万年。1918 年由瑞典地质和考古学家安特生发现。1921、1923、1927 年先后有安特生及奥地利、瑞典、中国古生物古脊椎动物学家发掘，中国考古学家裴文中于 1929 年独自主持发掘时，于 12 月 2 日下午发现了一个完整的北京人头盖骨。这一消息公布，震动了世界学术界。随后又发现了石器、用火遗迹，直立人的存在才得到肯定，从而基本上明确了人类进化的序列，为"从猿到人"的伟大学说提供了有力证据。1937 年日本发动了全面侵华战争，当时已发现 5 个北京人头盖骨，此外还有头骨碎片及 147 颗牙齿。《中国大百科全书·考古学》上说"这些珍宝的标本，于 1941 年 12 月太平洋战争爆发前后，全部在几个美国人手里弄得下落不明"。这与当时驻中国的比利时公使纪佑穆夫妇所见不同，菲利普先生还补充了法国牧师卡尔丹夫妇曾经参加过北京猿人发掘的史实。据石兴邦先生告诉我：抗日战争胜利后，中国学术界追究这批宝藏之下落，盟军在向日本索要的战争清单中也将北京人头骨列入，但因内战爆发，此事搁置无人问津至今。如果这个事情可证实，对已故的裴文中教授在天之灵也是个安慰。

在比利时最大的收藏家是尤伦斯先生。他可谓金石之富，甲于欧洲，是世界第三位收藏丰钜的大家。他从六年前开始收藏文物的。他的母亲是位考古学家对他的兴趣形成有很大影响。他兴致勃勃地引导我们参观正在布鲁塞尔郊区庄园内新建的私人博物馆。他的所有收藏都保存在公司里。公司的职员取出了许多波斯萨珊朝、唐代、辽代金银器，简直令人目不暇接，喘不过气。其中波斯嵌宝金银带是前所未见的精品。我也指出他以巨金购买的所谓唐代佛经金页是赝品。辽代金银器有两件值得记述：其一，鎏金双鸳忍冬纹盒，子母口，圈足，盒面有鸳鸯一对，周围绕以忍冬桃形花结八朵，花纹都系模冲。盒沿上下有缠枝忍冬纹二方连续图案。盒内錾文曰：

太平丙寅进奉文忠王府殿前供养，武定军节度使及行宫都部署各臣合供进。

其二，盘龙舞凤纹纯金圆盒，净重1公斤。盒盖中心为一盘龙，四周有鼓翅扬尾的舞凤六只，盒边为C状缠枝卷叶纹边饰，中有化生及珍禽异兽，外底有八朵莲花形成的环形规范。内底錾文曰：

功成治定尊道至德文忠王府供奉祭祀。太平丁卯八月大吉宣徽南院行宫都总管司提辖署各臣合贡金又合拜揥供进。

文忠王耶律隆运是金银器所祭祀的主要对象。他本姓韩，名德让，与辽景帝皇后萧绰有私情，曾历任政事令、北府宰相、枢密使，协助圣宗皇太后萧绰运筹帷幄，建树极多，位在亲王之上。圣宗以父事之，为其建文忠王府，拥有"正丁一万，蕃汉转丁一万六千，骑兵一万"。这些宫卫骑军是保卫皇帝，保卫边防的主力。辽朝与宋朝一样，重徽号，尊谥法，以为鸿名美谥即可垂示于后世，故君臣均有尊号。辽圣宗曾有"睿文英武尊道至德崇仁广孝功成治定"的尊号。在戴迪安先生收藏的文忠王辽器中，曾有两器将圣宗16字尊号分割为两段，冠于文忠王前，如太平六年的鎏金盝顶银宝函錾文曰："睿文英武尊道至德文忠王府祭器"。其二为太平六年张俭等供奉的双凤纹纯金方盒，錾文曰："崇仁广孝功成治定文忠王府殿前祭器"。而尤仑斯先生所藏盘龙舞凤纯金圆盒却将圣宗尊号次序颠倒成为"功成治定尊道至德文忠王府供奉祭祀",这对研究辽代的尊号、徽号、谥号制度是很有意义的资料。

热情的比利时主人驾着汽车,从希尔顿饭店将我们接出来,通过布鲁塞尔市北部地势隆起的新区,盘旋而下来到了布鲁塞尔有名的国民广场。一路上,主人介绍着12、13、16世纪建筑的特点,以及各个广场的名称。国民广场以小型正方体的石块铺砌地面,曾经在这里演出过比利时独立的精彩壮丽的画面。16世纪上半期,西班牙是欧洲最强大的封建国家,除占有荷兰、比利时、卢森堡及法国东北角(总称为"尼德兰"——低地之意)外,还统治意大利和德意志。西班牙每年国库收入半数从尼德兰榨取而来,直接阻碍了尼德兰民族资本的积累,并使劳动人民的生活受到威胁。1597年北方诸邦起义,宣布脱离西班牙,实行宗教自由,成立了荷兰共和国。革命向南方发展,比利时人民在布鲁塞尔举行起义,推翻了西班牙占领军的总部,完成了世界上第一次资产阶级革命壮举。遥想当年人民在这个广场上与西班牙占领军展开的如火如荼的斗争,对古老广场不禁肃然起敬。广场四周酒楼中央燃烧着熊熊柴火,厅内悬挂着葡萄串般的猪尿泡,这是古代的盛酒器,据说保持着16世纪的特色。在主人殷勤劝说下我破例地喝下了浓浓泡沫的黑啤酒,味道的甘醇自不必言了。然后我们步入窄狭而古老的巷道,向一座中世纪餐馆走去。街道两旁摆满各类海味,有的龙虾、海蟹巨如簸箕,令人惊异。晚餐时我们吃了鲜嫩的生牡蛎等海味,戴迪安大喜,认为终于纠正了我在法国、比利时只吃中餐的习惯。夜半时刻,结束了晚宴,我们驱车在古老的大街小巷,领略着与白天迥然不同的风情。当汽车停留在灯火通明的比利时国王宫门前时,主人指着屋顶旗杆说:国王今日不在宫内,因为旗杆上没有旗帜飘扬。

佛指舍利巡礼曼谷

一

1994 年 11 月 25 日，我们一行五人乘中国南方航空公司飞机航班，执行一件特殊的任务——为中国扶风法门寺佛指舍利巡礼泰国，专程赴曼谷，与泰国有关方面交涉落实供奉时的各类安全措施及有关礼仪问题。

泰国位于中南半岛中南部，东北与老挝毗邻，东与柬埔寨接壤，西部和西北部与缅甸交界，南部与马来西亚为邻，人口 5500 万，首都曼谷，是全国政治、经济、文化中心和世界著名米市。先遣团团长刘书祥，时任国务院宗教事务局副局长，知识渊博为人谦逊，我以考古学家身份参加先遣团，主要负责审察有关保护舍利的技术性工作。

佛指舍利唐代咸通十五年（公元 874 年）瘗埋于法门寺地宫。1987 年重现于世，首次出国即来曼谷，为中泰佛教界旷古盛事。在泰供奉从 1994 年 11 月 29 日开始，直到 1995 年 2 月 22 日，总共 85 天。其间正值泰国蒲美蓬大帝寿诞、泰皇登基五十周年庆典、中泰建交二十周年，所以两国政府极为重视，中国政府除派出先遣团外，在 85 天内将陆续派出以国务院宗教局局长张作声为团长、妙湛法师为名誉团长、陕西省副省长姜信真为顾问的护送团，以刀述仁为总团长的护法团，以都龙庄比丘为团长的护法一团，以演觉法师为团长的护法二团，以及迎归团，总计 77 人。其中以比丘为主，这些大德高僧来自福建、西藏、内蒙古、云南及中原各地，分属汉传、藏传、南传三大教派，说明是全国各派僧众为佛指舍利巡礼护法。参加人数之多、收纳教派之广、组织团队之众，均为以往外事活动中之罕见。

11 月 25 日 19：00 抵达曼谷机场，泰国外交部礼宾司副司长和中国大使馆文化参赞等在机场迎接。在贵宾室交换了日程后，即赴 SD 宾馆。泰国时区偏西，比北京晚一小时。宾馆在湄南河之西岸的吞武里地区，距机场仅 15 公里。20 点离机场后，汽车如蜗虫般爬行了整整 3 小时才抵达 SD 宾馆。我们除领略了曼谷车水马龙的繁华情景，也深深体味到曼谷交通阻滞的严重。曼谷约 800 万人，各类车辆 300 多万辆，较北京多出 200 万辆，又无北京环道设施，路口多平交，虽有外国专家为改善交通提出多种方案，但因无通盘解决办法，阻塞依旧。所以，泰国朋友问我们对曼谷有何印象，答曰："慢慢轱辘！"宾主皆大笑。

11 月 26 日先遣团赴佛城观看舍利供奉之场所。佛城在曼谷之西南 10 公里左右，在佛城府（省）境内，占地 2500 莱（每莱 2.4 亩），约合 6000 亩。这些佛城土地是泰皇于 40 年前购买的，每莱仅 2000 泰铢，现在每莱已达 200 万泰铢，土地价格上涨了一千倍。佛城内建设始于泰历 2500 年（公元 1957年），距今已 37 年了。泰人使用佛历。关于释迦生年，汉传佛教说是生于周灵王六年（公元前 565 年）四月初八，距今 2558 年；南传佛教说，生于公元前 544 年四月十五日。泰国属南传佛教，故今年为佛历的 2537 年。佛城内殿宇棋布，繁花似锦，河渠纵横，一派庄严景象。在佛城之西，有高 30 多米的铜铸释迦牟尼站像一尊。佛陀面满如月，肉髻如山，额有白毫，双耳垂肩，四周为鲜花锦簇之花坛。每年由诗琳通公主殿下在此主持万僧大会。在以佛陀为中轴线的中段，即为泰皇礼佛之大殿，佛指舍利就供奉于此大殿之中。大殿约 300 平方米，中心设大理石方坛，四周置永不凋谢之花朵。方坛之西有矮榻，为泰皇膜拜佛指之处。在此拜榻之西为释迦牟尼鎏金站像一尊，高约 3 米。在方坛之东南侧有为和尚设置的长方形座榻，曼谷京畿警察副总指挥微文厦上校，迎奉舍利全国委员会秘书长差比拉空军中将、泰外交部礼宾司副司长、中国处处长素帕·西丽孙诗里以及林洪先生陪同先遣团，并向我们全面介绍供奉期间的安全措施。这次佛指舍利出巡曼谷，泰国海陆空三军及警察、情报等系统全面出动，为达到供奉期间万无一失全力工作。他们周密安排了机场到佛城之警戒保卫。佛城内，海陆军及警方各派 30 人每日值勤，有无线电各类通讯设备。供奉期间安全部门及移民局将对进入泰境之可疑者调查，并与各国警方保持联系。在佛城内除第一防线外，第二防线有1300 人为佛指舍利安全负责，随时处理各种突发事件，包括罢工、破坏等等。先遣团提出消防、防爆，以及大殿与佛坛内之温湿度严格要求，泰方一一答应。最后就国王、僧王、诗琳通公主等要人开罩瞻仰膜拜及香火供奉等问题，双方进行了协商，随即在附近集市共进午餐。

饭厅为竹棚，简陋而自然。墙壁上悬挂有清代朝服之坐像，询之翻译小姐，知为曼谷王朝之五世王，因其时暹罗属藩属国，三世王时与中国关系最洽且接受过中国封号。中国史书对泰国记载，最早始于公元 3 世纪。三国孙吴之朱应、康泰曾奉命出访扶南（柬埔寨），回国后分别著《扶南异物志》、《吴时外国传》，原书已佚。书中所提"金陈"即为泰国。6 世纪今佛统地区出现堕罗钵底国，与中国有密切政治、贸易关系。以后在湄南河下游出现过罗斛国。罗斛使者分别访问过宋、元两朝，并于南宋绍兴二十五年（公元 1155 年）送给南宋大象一头。13 世纪中叶，泰族首领坤邦克朗和坤波孟，建立了素可泰王国，到子坤南甘杏叶代，实行政治、军事、文化等方面的改革和创建，盛极一时，成为以湄南河中下游为中心的统一强国。在元朝近百年中，素可泰使者到中国访问过12次之多。14世纪中期阿瑜陀耶王朝吞并了素可泰王国，中国称其为暹罗。明洪武十年（公元1377年）授予阿瑜陀耶国王以"暹罗国王"称号和玺印。由于西方殖民者的入侵，地方割据、内忧外患，王朝统治日薄西山。1767年缅甸占领军光复阿瑜陀耶城，迁都湄南河西岸，建立了吞武里王朝。1782年，却克里推翻了吞武里王朝，把首都迁到曼谷，号称拉玛一世王，开创曼谷王朝至今。

曼谷王朝拉玛五世朱拉隆功大帝，在他亲政后的三十七年中推行一系列改革。他废除奴隶制，不准自己卖身或被迫卖身，仿效西方议会制度，组织内阁；划公王室预算、国家预算、国库与王库分离，增加国家税收；创办新式学校和专科学校，让教育从佛教寺院里解放出来。他的改革被称为"新暹罗"的转折点。最近几年来泰人掀起对五世王之崇拜热，因此许多公众场所高悬五世王肖像，曼谷佛像街到处有五世王铸像，许多寺院中五世王的项链，价值1－2万泰铢，亦为泰人所争购。五世王已被人们神化了。

二

11月27日、28日先遣团分别拜会了佛城所在地的佛统府府长，佛统市警察局局长、副局长，继续就舍利之安全，与各方磋商。与此同时，11月28日中国佛教协会在北京广济寺举行隆重大法会，恭送佛指舍利前往泰国巡礼。广济寺内飘扬着无数面六彩格佛家旗帜，寺内聚集着数百名中国佛教界人士和泰国贵宾。寺内正中大雄宝殿内香案上摆放着安置舍利的金色宝塔。当主持法会的广济寺静惠法师请出佛指舍利并安放入金塔时，上任不久的读信·秦那越外长为舍利上香，中泰僧侣分别吟诵了汉传佛教中的《心经》、《香赞》及藏传佛教、泰国佛教的经文，祈愿佛祖之光普照人寰。全国政协副主席、中国佛教协会会长赵朴初，国务院宗教局长张作声、陕西省副省长姜信真、泰国迎请团团长泰国副僧王颂勒佛陀庄、泰国外交部部长读信·秦那越、泰国空军司令干将出席法会。赵朴初会长致词说：应泰国朝野的邀请，佛指舍利首次赴泰巡礼，供泰国僧俗大众朝拜，这是中泰两国人民佛教界传统友谊日益发展的标志，中泰人民之间原有的良好关系将得到进一步发展。

11月29日先遣团从9时即从吞武里的SD宾馆向曼谷空军机场进发。途中，在一充满泰国风味的水榭饭店进午餐，然后于下午1时抵达机场。这天天气晴朗，艳阳高照，在专机到达之前，廊曼空军机场充满喜庆气氛。以川·立沛为首的泰国政界首脑以及侨界首领中华总商会名誉主席谢慧如、主席郑明如、副主席丁家骏，以及侨团首长胡玉麟和陈卓豪等各界民众代表千余人，早已坐满了跑道旁搭起的观礼台，恭候佛指舍利的到来。

泰国外交部长读信·秦那越率包括前空军总司令干·披曼贴空军上将、泰国国会财经委员会高级顾问严彬在内的20余人的佛指舍利奉迎团，专程随专机护送佛指舍利抵泰。

下午15：30，泰皇专机徐徐降落于廊曼机场。全体来宾起立合十。国务院院长川·立沛、国务院副院长针隆·诗曼、中国驻泰大使金桂华等，在泰国空军总司令诗里蓬空军上将的引导下，登上专机，参拜佛指舍利并供献花环。16：09，数名身着空军军校制服的青年学员，将安置有舍利的鎏金舍利塔请下飞机，运至恭候在观礼台前之舍利香车之上。香车长18米，由泰国国家级艺术大师巴域·林巴兰诗博士设计。鎏金舍利塔放置在四角攒尖的凉亭内，凉亭高置于月台及须弥座之上，凉亭之藻井中心为大法轮，四周环绕八只小法轮。在凉亭之前设供桌，上置经卷，复以华盖。凉亭四角有四组花幢，八面大扇，八通佛幡，二十株香花，黄白相间，庄严异常。舍利塔刚刚安置妥帖，观礼台上数十名泰僧以巴利语、泰国华僧以梵语、中国僧人以汉语齐声高诵吉祥经及佛号，在场的近千名观礼者亦跟随集体诵经。呗音震地，情景感人，虔诚地祈祷、庆颂佛指舍利安然抵达泰国国土，并将接受泰国人民的衷心供奉。

接着，金桂华大使和川·立沛院长先后发表热情洋溢的讲话，共同赞颂中泰两国人民友好关系史上的这一盛事。

金桂华大使说："中国西安法门寺佛指舍利，能在泰国人民举国共庆泰皇陛下圣诞的吉日里莅泰供奉参拜，我谨对此致以祝愿。"金大使指出：中国佛指是佛门圣物，首次到国外即来泰国供奉，这是中泰两国佛教的旷古盛事，也是中泰友好关系中一件具有深远意义的大事，它充分体现了中泰两国、两国人民和两国佛教界之间的日益增长的深厚友谊。他祝愿佛指舍利来泰供奉将赐福予泰国人民，给泰国带来国泰民安、经济繁荣、佛教昌盛、吉祥如意。国务院长川·立沛发表讲话："能恭请到中国西安法门寺佛指舍利莅泰，于本月29日至明年2月22日在佛城供人民参拜，对于所有泰国佛教信徒而言是非常吉祥的事情。此枚佛指舍利是稀世珍宝，它予泰国人民一次供奉朝拜的机会。"他指出，这次活动象征两国政府和两国人民之间的长期友好关系。更重要的是，这一盛事还成为庆祝皇上陛下登基五十周年庆典的一部分，而且也是纪念泰中建交二十周年，两国政府都予以了极高重视。

最后，川院长以泰国政府名义，对中国人民予以衷心感谢，并祈求佛指舍利保佑在座的贵宾，并为泰中人民消灾纳福，世世代代兴隆昌盛、人民幸福、国运昌隆。

中国法门寺佛指舍利在中国大使和泰国国务院长的致词中完成了恭送与奉迎仪式。佛指舍利在所有在场人士双手合十以目恭送下，驶离空军机场。护送舍利的花车十辆，另外还有潮州会馆的花车。泰国诸山大德、先遣团全体成员并入护送团亦随车前往。护送车队及佛指舍利，首次通过了刚刚建成尚未开放的由机场通往曼谷的高架公路，穿过曼谷主要街道，经过市中心的五世皇广场、皇家田，通过宾告大桥直驶曼谷以西的佛城。原定傍晚可抵达，岂料途经之处成千上万的虔诚信众，供花拈香、双手合十夹道恭迎，热烈膜拜，车行极缓，至万家灯火时始抵佛城。

三

11月30日上午，泰国外交部主持了中国西安法门寺佛指舍利巡礼泰国崇置于佛统府佛城供养膜拜的新闻发布会。新闻发布会首先由泰外长读信·秦那越发表讲话，谈及此次亲赴中国恭迎佛指舍利，深感荣幸，并表示在刚出任外长新职不久即获及此项福分而格外兴奋。他说这是官方与民间良好的合作，同时也显示出中泰两国凝聚共识的同一心愿。他还说：泰国在中国投资1300多宗，上海嘉定的工业城纯系泰国投资。我们建议在上海增设总领事馆。他预言：中泰关系将朝着互利及更加深入广阔的方向发展。姜信真副省长也发表了热情讲话，代表陕西省政府及人民向泰国人民祝福。姜副省长简约地介绍了西安悠久的历史文化与精美的文物，以及投资环境，呼吁泰国投资家向陕西投资，发展陕西与泰国之间的广泛经济合作。接着，我向泰国新闻界介绍了法门寺佛指舍利发掘经过，并接受了记者采访。《世界日报》12月4日，以《佛门圣物佛指舍利》为题，刊登了采访我的内容："原来仅有一枚佛指舍利，为何后来会发现四枚？而且如何知道哪一枚是真身灵骨呢？对于记者的这两个问题，中国护送团成员陕西省考古研究所所长韩伟教授予以了解释。他说中国古代皇帝对佛教的尊崇程度不一，加上社会变迁，战火频仍，一些大德高僧为了保护佛指真身舍利，以防不测，便仿造了若干舍利仿制品，这些仿制舍利便称作影骨。""韩伟教授是法门寺佛指舍利出土时的发掘者。他说，经过多方考证，发现第三枚出土的舍利为灵骨，因其安置的地点机密，在地宫后室的秘龛中发现，其舍利函亦与其他不同。四层宝函的质地都十分坚固且贵重，更重要的是，第三枚佛指舍利符合有关史料和碑文的描述。同时，中国佛教协会会长赵朴初先生在进行了深入研究后，也确定第三枚出土的舍利是真身佛指灵骨。不过在佛教界看来，影骨与灵骨是同样珍贵的。"佛门四众对佛指舍利崇敬膜拜，泰国考古学界也同样对法门寺的考古发现及其意义与过程，予以深切关注。新闻发布会后，我来不及参加完盘谷银行常务董事长陈有汉博士的"恭迎中国法门寺佛指舍利莅泰供奉"民间团体委员会聚餐座谈会，就由盘谷银行公关小姐陈金燕陪同驱车曼谷顶拉巴高里大学考古院发表演说。这是泰国惟一的设有考古专业的学院，院长及泰国著名考古学家与部分学生听了我的讲演。刘丽芳教授担任翻译，她是诗琳通公主殿下好友，并曾多次为公主殿下来中国访问担任翻译重任。因参加新闻招待会而推迟讲演会，曾使刘教授心中不悦。待报告完后，刘教授及院长玛里妮以及帕素·茵特渥诸先生均大为满意。饮茶间，才知晓院长与帕素二位先生，70年代曾陪泰国宗亲王访华，在西安时即由我任地方陪同，相处5、6天之久。相见之后，音容面貌依稀仍有记忆，谈及往事，大为欢快。相约今后如有可能，即驰函聘我给该校的学生继续讲授中国考古学。

四

12 月 1 日按照日程安排，16：00 由泰皇主持佛指舍利开光盛典。护送团 13：00 许，即抵佛城。佛城内泰国旗、六色佛旗遍布释迦牟尼大立佛正面、大湖东面的供奉舍利的佛殿旁花圃中。据说，佛陀成道时，佛身放出蓝、黄、红、白、橙以及这五色的综合色，故佛旗为六色彩旗。泰国国旗为三色横条旗，上下两道为红色，代表国家；其次两道白色代表佛教；中间一条为蓝色，代表国王。其含义是国家保护佛教，佛教保护国王。临时搭起的数座观礼台的长椅上早已坐满泰国海、陆、空三军将领、各山大德高僧，以及中国护送、护法团成员。张声作、姜信真二位引导泰皇特许入殿观礼。

泰皇蒲美蓬阿伦耶绿大帝，以佛历 2489 年登基统治国家，为曼谷王朝第九世王，是统治国家最久，并继续统治国家之英王。登基时，即发"朕以德治国"之誓言，着力于人民心理建设、社会建设和经济建设。他倡导植林、维护自然，泰国的现代化与泰皇关系密切。全国臣民视泰皇如丽日光辉，德泽大地，照耀着泰国之黄金国土！每年十二月五日万寿节，举行恭颂大帝圣德庆祝盛典，全国疆宇，火树银花，一片万民普庆之景象。我们在曼谷大街小巷，均见到供奉泰皇大小不等的油画像，有的画像之下祥云朵朵，国王在云端俯视臣民。在曼谷中心一号大街上，有绵延数里的彩门、彩灯，每隔一段就有泰皇的肖像，或与臣民交谈、或视察、或与母后在一起享天伦之乐等巨幅画像，表现了泰皇对人民的仁慈与至高无上的威望。

16：45，泰皇驾幸佛统府佛城，主持佛指舍利开光典礼。他虔诚跪拜与祈祷，并两次瞻仰佛指舍利，据在场人说，当时佛指舍利神光亘发两次。舍利巡礼泰国前后，曾多次出现祥瑞。佛指舍利 11 月 2 日由法门寺赴京时，法门寺塔顶出现瑞光，同时在场约 500 人左右均亲眼目睹，我且见得静一法师所拍照片一张；静一法师还告知，舍利迎入北京广济寺大雄宝殿，举行恭送舍利巡礼泰国大法会时，安置舍利的金塔内，出现无数佛身；曼谷之《星暹日报》1994 年 12 月 1 日报导："千七百年来首次离开神州到海外，第一站是被世界誉为佛国的首都曼谷。29 日当晚来了一阵不对时节的喜雨，把曼谷酷热化为凉秋。老一辈人异口同声，这是国泰民安佳兆，亦是佛指舍利近两千年来在中国多灾多难的历史长河中，首次经历了对他至高崇奉的黄金地、道德土。"泰国《新中厚报》12 月 1 日以"舍利迎来天降甘露，古代预言今天喜见"为题，报导说："中国古代有过这么一句话：舍利入门，雨就降临"。泰国 11 月至次年 2 月为凉季，气温一般在 30 - 35 度，而且这个季节绝少降雨，因之，将 11 月 29 日之豪雨视为佛指舍利之赐福是不足为怪的。

泰皇参拜完毕，泰僧王拍然仙旺率诸山大德主持宗教仪式。说五戒、诵吉祥经，梵言吉诵，响彻佛城，皇家的威严、佛陀的神圣，融合为隆重至极和无比吉祥的气氛，通过电视媒介传遍千家万户、七十四府，真正是佛光普照了。接着，恭迎佛指舍利莅泰供奉官方委员会主席、外交部长读信·秦那越向泰皇恭奏赴华迎奉佛指详情及佛指舍利史迹。他说："当初由印度传入中国法门寺供奉，是当今世界惟一仅存的佛指舍利。唐朝佛教大兴，朝廷循例举办供奉佛指舍利法会。到唐末时朝廷对佛教信仰生异心，僧伽惟恐佛指舍利被毁坏遂藏于法门寺佛塔内约一千年，其后因塔年久倒塌，重新修葺时始于塔下地宫发现佛指舍利并安奉法门寺至今，成为最崇高至圣古宝。"是日，枢密院大臣炳·丁素拉暖上将、国务院副院长针隆·诗曼少将、教育部长三攀·通沙目、金桂华大使、恭迎佛指舍利民

一　学术团在加拿大蒙特利尔市文明宫为观众解答问题

二　在巴黎法兰西远东学院汉学研究中心讲演

三　在巴黎卢浮宫内参观

四　卢浮宫内的维纳斯雕像／张丹

五　卢浮宫外景／张彤摄

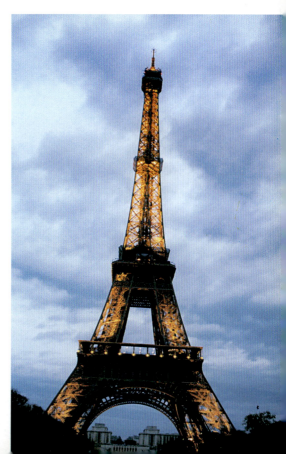

六　巴黎埃菲尔铁塔／张彤摄

七　巴黎奥尔塞美术馆（车站改建而成）／张彤摄

八　巴黎凯旋门无名烈士墓／张彤摄

九　举世闻名的巴黎圣母院／张彤摄

十　法国凡尔赛宫全景／张彤摄

十一　凡尔赛宫明镜长廊
　　　（著名的凡尔赛和约
　　　在此签署）／张彤摄

十二　巴黎圣心大教堂／张彤摄

十三　雅克·希拉克总统授予作者骑士勋位及勋章后，毛磊大使热烈祝贺

十四　作者与法国前总统德斯坦先生在一起合影

十五　作者在泰国外交部新闻发布会上介绍佛指舍利发掘、发现之过程，并解答记者

十六　泰国供奉佛指舍利的大花车

间主委陈有汉博士及数以万计的官员僧俗在佛城参加泰皇主持的开光盛典。佛门四众及众生云：佛指舍利宛如代表佛祖再度显世，诚参拜者之大吉祥福德。各大德高僧朗声诵读膜拜舍利的梵文曰："阿汉，旺他密，阿拉汉多，三玛三佛塔萨，布察纳他耶，芭隆舍利里干律实塔，玛育罕，提卡加达，喜达耶，素卡耶。"汉文译文为："谨以虔诚之心供奉骨舍利以礼拜佛陀，祈求永恒利益与幸福。"

五

泰皇主持了开光典礼后，布施纪念品予各位高僧。泰国华宗大尊长仁德上师、二尊长仁晁大师及各山门高僧，参加了这一隆重仪式，共沐佛恩皇德。

这里我要介绍泰国华宗佛教情况。所谓华宗即泰国之大乘佛教，与中国佛教相同。称其华宗以示与泰国信奉的南传佛教区别。华宗二尊长仁晁大师，我们于11月26日下午曾去龙莲寺拜访他，他是龙莲寺第九代住持，佛历2521年泰皇来寺朝拜即敕赐为住持。龙莲寺为华侨所建的大乘教寺院，寺内有50多位僧人，现有六祖殿、华陀宝殿、大圣殿、老君堂、大雄宝殿、慈悲殿、祖师殿等。佛寺内有签。我询仁晁大师何以道教之签出现于佛寺之内？大师曰："利他济世而已！只要施主需要即可设置，并无佛道门户之见。"殿前悬挂"化行南国"之匾额，上款为"大清同治岁次甲戌年冬月吉旦"，下款为"梅州创建住寺僧续行募化并书立"，同时还有光绪年间琼州府弟子立的匾牌，足证中华文化之深远影响。仁晁大师由于道行高深，被泰皇御封为泰国华宗二尊长。南传佛教又称"上座部"。所谓"上座部"，据经云：佛灭度后，大迦叶尊者为上首，召集五百位大阿罗汉于七叶窟结集法藏，因大迦叶尊者等属僧团中之上座，故名上座部。结集时，由阿难诵经，优波离诵律，富楼那诵论，内容系纯正小乘佛法。信奉者以"修身自利"为宗旨。汉传佛教多为大乘教派。据佛法，大乘是比喻大的车辆，能运载许多东西。大乘佛法，是佛陀教导利根众生修学多种菩萨行的法门，以"利他济世"为宗旨。南传佛教与汉传佛教有许多不同，如南传佛教之和尚赤袒右肩、披长帛，遵从佛祖布道时的"穷人状态"而打赤脚，对善男信女之参拜，置若罔闻；汉传佛教之和尚则着长衣不袒露，披袈裟而无长帛，鞋袜齐全，见善男信女先合十问讯等。虽然泰国以南传佛教为主，但对华宗即大乘教派亦较重视，曼谷普门报恩寺住持仁德上师，则被泰皇御封为泰国华宗大尊长，且陪同僧王访华，到过陕西历史博物馆，我曾陪同僧王一行参观，此次迎请舍利，他亦陪同副僧王同往北京。11 月 27 日，先遣团一行专程赴报恩寺拜会。上师 1936 年生人，泰国华宗僧务委员会主席。出身广东揭阳陈氏望族，生于泰国北碧府农家。21 岁皈投北碧府洛梗普仁寺，礼依泰国上任华宗大尊长普净大和尚为传戒阿阇梨，受比丘具足戒。圆戒后，随师驻锡泰京黄桥区立化僧舍，潜修实习，深研梵网菩萨戒范，详究经律论。1960－1970 年协助普净大和尚兴建"普门报恩寺"完工。1985 年普净大和尚圆寂，上师礼承衣钵大任，泰皇多次赐封法爵，1992 年御封为拍康那庄真达摩三昧智越佛陀波黎萨真威尼多莎聪达摩巴实波隆那立沙罗努越（昭坤高爵）。由于上师精进不息，度众无量，挚诚弘教，法轮大转，常受到欧、美、澳洲，韩国、印度、印尼、新加坡、马来西亚、香港及中国各寺院佛教团体的礼请，巡回弘法。对修寺兴学、救灾恤难社会公益事业等，亦能美满圆成。我们拜会上师时，上师给我们看了他在台湾弘法讲演的录像，看了他在德莱府美庄县万佛山开山创建、正在动工的万佛慈恩寺录像，深感上师本性柔和、学识渊博，法音洪亮、辩才无碍。我述及曾陪同僧王参观陕西历史博物馆之情景，上师说当日他也陪同前往。我们二人即翻阅各自的照片，果然在僧王步出陈列大厅的照片上，发现上师在僧王之右，我在僧王之左。上师大喜，即取出泰京普门报恩寺印行的《佛学试题答案》一书，并题"难得之胜缘"为赠，同时还以"佛禅"二字墨宝复印件相送。并告刘书祥团长，如受邀请即赴大陆弘法。

泰国以佛教为国教，百分之九十居民信奉。宪法规定国王一定要信奉佛教，泰皇也曾削发为僧。泰国风俗，男女婚前出家是为父母修德，婚后出家，为夫妻修德。成年人一定要出家，不出家认为不成熟，出家时间不限，长则数年，短则一周、半月均可，国王要出家3月。经过寺院生活，青年人的公德私德均有长进。凡出家者，需在每年雨季期间（7—10月），叫"守夏节"。欲为僧者，必先征得父母、妻子同意，然后取得寺院住持之允诺，即约期入寺。富者则多铺张其事，在家举行入寺前仪式，亲友相互转告，亲戚居其家，备香花及珍品，为翌日送僧入寺之礼物。送入寺时，熏沐肃装持花，仪仗队导引，击长鼓、吹芦管，游行欢呼，乐声入云。新僧人头戴龙帽，着长衣，戴戒指项链，骑在马背，拥簇于仪仗队中间入寺。绕佛殿三周，新僧跪殿前，焚香礼拜，入殿拜见住持，受披剃，主持为说大戒，列入僧伽位，于是削发为僧的仪式完结。黄昏新僧邀请旧僧数人到家诵经。翌日，斋僧一次，即告功德圆满。入寺为僧，每日遵守二百多条戒律，最要紧者为十戒：戒杀生、盗窃、淫邪、欺诈、饮酒、午后进餐、欣赏歌舞及观剧、用饰物香料、卧高床、受金钱。曼谷王朝前，宗教与国家有矛盾。到了拉玛一世时，宣布国家对宗教的领导权，设立国家宗教事务部，把佛教组织及其活动纳入中央政权的管辖之内。曼谷王朝对那些不服从国家政权领导的寺院和僧侣，采取严厉的措施给予惩罚，如拉玛一世免去 128 个和尚的"僧衔"。拉玛二世又剥夺了 2500 个和尚的"僧衔"。政府又大力提倡佛教，拉玛一世编纂一部藏经，拉玛三世将摩揭陀文经翻译成泰文，倡导读经。拉玛四世起，实行僧侣考试制度，分为九等学级。每年泰历三月间考试。凡考获第三等级的僧侣，可每月获津贴。此后每考获一级，薪俸依次递增，且由泰皇授予掌扇一柄，上面写有褒文，僧侣有此希望，故终日埋头诵经。

六

12 月 1 日泰皇主持佛指舍利供奉揭幕典礼后，泰国朝野均极欢悦。泰国福利院基金会主席、泰华文化教育基金会主席谢慧如，于攀蒂巴莎酒楼夜总会宴请中国佛指舍利护送团一行。谢慧如主席在宴会上对全体代表团成员一路辛劳成功护送佛指舍利来泰，意义重大，表示衷心感谢和敬意。他还说：泰皇陛下对佛指舍利由中国政府成功护送到泰国供奉非常赞许，对谢慧如主席一年多来多次辛劳的前往中国接洽舍利来泰供奉表示感激和感奋。据说泰皇这种对臣下表示感谢是从来没有的。在宴会上护送团长张作声代表护送团全体成员向谢慧如主席热诚地致以深沉的敬意，谢老以无限之诚心，大力促成佛指舍利顺利在泰国供奉之盛事和贡献，在中泰人民感情上都将留下沉厚记录。护送团顾问姜信真副省长在讲话中也说：此次谢慧如主席能努力促成佛指舍利赴泰供奉是一次历史性的大事，也是代表了中泰两国人民深厚的友谊。佛指舍利在陕西省法门寺保存了两千年，是佛门圣物，从来没有在国外举办过如此盛大隆重之供奉盛事。他真诚地邀请谢慧如主席能访问陕西省，借此更深地建立两国间之感情。工商日报社长兼董事总经理林宏先生应邀作陪。林先生原名林光瑞，15 岁时为中学壁画主编，因抨击圣经被开除，始改今名。任工商日报社长，每日白天应酬完后于深夜才撰写社论。每天一篇，功力极深，佛指舍利来泰供奉，实际上他予有力焉。在宴席上，他深情地回忆了恭迎舍利的全过程，其后并将以"及时风"为笔名，发表于工商日报《风下人语》专栏的《法门寺佛指舍利莅泰侧写（1-3）》见示。在这里特别要提到前外长巴颂·孙诗里先生所做的努力。1992 年泰国民间发起迎请中国法门寺佛指舍利来泰供奉，曾向当时的中国国家主席杨尚昆、中共中央常委李瑞环提出请求，两个月后回电告知，同意暂到泰国供奉膜拜，中国政府建议应由政府间进行，并需正式签署协议，泰国国务院长批准由外交部长巴颂·孙诗里担任迎奉佛指舍利组委会主席，他曾代表泰方与中方多次协商。中国外长钱其琛，同意了泰方在曼谷供奉佛指舍利 85 天的请求。1994 年 9 月 13 日外交部长巴颂·孙诗里在泰外交部组织草签仪式。泰方签字人为迎奉佛指执委会主席干披曼贴空军上将，中方签字人为驻泰使馆临时代办晏延爱。巴颂外长之女公子西丽素帕小姐，现为泰国东亚司中国处长，11 月 26 日泰外交部为先遣团设宴接风时，她陪我共进晚宴。席间，她热情询问有关舍利的多种问题，我均一一作答，她深为感佩，多次提出对我执螟蛉女之礼的请求，我终因年龄相近而婉拒。此亦为佛指巡礼而生的殊胜因缘也。佛城参拜瞻仰的人数愈来愈多，12 月 5 日一天竟然达到 10 多万人。所奉献的香火钱竟以麻袋盛放，可见善男信女之赤忱了。有人说：佛陀作为一个有血有肉的"人"，在入灭之后二千余年，他所遗留下来的一点"残骸"——佛骨舍利，能引起世界上不同社会制度的国家领导人、领袖如此重视与崇奉，令全世界那么多的人虔诚的膜拜顶礼，仅这一点，就足以证示他的"不可思议"的佛法与佛力。

七

泰国的南传佛教自素可泰时代的坤南甘杏王倡导以来，便为历代国王所承袭，到了阿瑜陀耶时代也很发达。历代国王曾不断派僧侣前往锡兰求经。可惜这个时代的寺院几乎全部毁于战争。直到曼谷王朝第一世时才开始重建佛寺和整理佛经。目前，全国南传佛教寺院林立，20世纪60年代末，共有21000座佛寺，100多座皇家佛寺，2所佛教大学，1所神学院。由于暹罗和尚众多，所以有"黄衣国"之称。佛教僧侣团体在暹罗是一支很强的精神力量和物质力量，对国家起着举足轻重的作用。普拉拔山最大寺院的主持，是附近方圆27公里以内的绝对领导。在他统治下的居民就有四五千人。但是，佛教也是泰国文化教育事业的载体。佛教的传播推动了早期教育事业的发展。泰国古文化教育同佛寺有着密切的联系。古代人民习惯将子弟送入寺院当僧人的差使或短期出家，以向僧人学习佛学知识，这便是寺院教育的起源。在曼谷只要看见学校，必然在寺院的近旁。我们拜谒泰国僧王时，在僧王所住锡的寺院里就有一所中学，可见教育与寺院之密切。古代的寺院教育主要是传授佛教教义，实行道德训练，传授佛教礼义和学习巴利文。因为泰国南传佛教僧侣认为巴利文是佛陀所说的语言，三藏等佛经也是用巴利文撰写成的，故学习佛学必学巴利文，佛教对建筑、雕刻、绘画等艺术有着很大的影响。如1782年建在曼谷大王宫内的玉佛寺，是遐迩闻名的"泰国佛教艺术大全"。走进玉佛寺，人们立刻被金碧辉煌的大金塔、被各色琉璃宝石装饰的佛殿之富丽庄严所震慑，如同真正进入了佛经所说的七宝世界，那种感受很不容易形诸笔墨的。寺内安放的供奉祀的玉佛，是一尊高27寸用整块无瑕的绿宝石雕成的，属15世纪中期以前艺术珍品，其雕刻艺术可谓巧夺天工、完美无瑕。由于是小乘佛教造像，须弥座特别精致美丽，而在须弥座前后有数尊释迦牟尼或菩萨的立像，在造型上与大乘佛像有着明显区别。玉佛寺内的回廊上，有绘制着印度史诗故事和泰国《拉玛坚》古典舞蹈形象的巨幅长卷壁画，是最富有泰国民族特色的作品。我们还拜谒了另一著名的佛寺是曼谷的越素读佛寺，建于曼谷二世王时代。曼谷城内规模最大，寺内佛塔、佛像最多的要算越颇佛寺。越颇佛寺内的整体结构分为安置佛像的殿堂、僧舍和佛塔三部分。据统计，全寺高 7 米以上佛塔共 71 座，最高的三座佛塔高达 31 米。其中有的还镶嵌着青瓷马赛克，在阳光下熠熠生辉。寺中有一尊卧佛，铁铸贴金、镂镶宝石、华光闪烁、雄伟庄严，长 46 米，高 12 米，是泰国最大的涅槃像。卧佛的双足下，镶嵌了法轮、宝螺及各类纹样，遗留了佛教早期对佛足崇拜之痕迹。

八

19 世纪 50 年代开始了泰国历史的转折时期，这个时期的经济制度和政治制度等方面有种种创新，在文化领域里也产生了深刻影响。尤其是建筑方面有了新发展，其特点是注意吸收外国建筑艺术的精华，以发展本民族的建筑艺术。

我们参观了大城府的挽拍茵宫，这是曼谷王朝最有代表性之建筑，是模仿西班牙或中国北京故宫建造的。宫殿建于阿瑜陀耶王朝末年，拉玛四世蒙谷王时进行扩建，至朱拉隆功大帝时才完工。宫内主体建筑是一座红墙绿瓦的中国式王宫，华侨大贾捐资，构件均从中国购回，屋脊镶嵌着丹凤朝阳和双龙戏珠，陪衬着琉璃瓦的飞檐，殿内雕梁画栋内容多为福寿禄三星、八宝或三国演义故事之类及山水景色。宫门口有一面凤翔龙舞的大照壁。宫殿四周均放置着同治、光绪前后大型五彩、青瓷、粉彩鱼缸。殿内门窗屏风全是金漆木雕。殿内陈设依北京故宫太和殿,正殿设有专供国王登位的"龙椅"。在天明殿内陈放着朱拉隆功大帝的"龙床",墙上高悬蒙谷王和朱拉隆功大帝头戴翎毛帽、身穿中国衮服的巨幅画像,反映了中泰之间的友好交往。在正殿的西壁金漆木雕的屏风上,雕刻着节录明景帝御制诗:

> 五载虞阳里,欣看德化城。
>
> 劝耕岐穗长,广学诵经清。
>
> 冰镜心无翳,蒲鞭讼不兴。
>
> 琴真调绿水,花早春满城。
>
> 伏渥溥膏雨,悠扬连筛雉。
>
> 海门方暂驻,沪渎复相通。

这些御制诗反映了中国文化对泰国皇室的深刻影响。

另一座宏伟的宫殿是曼谷的节基宫。它曾是朱拉隆功大帝处理政务和居住的地方,位于曼谷的大王宫内,是 1876 年兴建的重要建筑物。三层楼式的大殿完全是意大利文艺复兴时期的建筑风格,白色的殿身雕刻着各种西方风格的图案,但殿顶却是层次错落的锥形尖塔,属于典型的泰国建筑风格。导游小姐说:当时五世王想完全依照意大利风格建筑,有人怂恿皇太后干预。但建筑主体已完工,聪明的五世王就指示盖上泰式屋顶,就成了今日泰西结合的式样,更为壮观、富丽。由于护送团是贵宾,破例让我们脱鞋进入殿内参观。中厅为递交国书的大厅,东厅悬挂 1-5 世泰皇画像,西厅悬挂皇后画像,屋顶浮雕纯属西方风格,而四周墙壁又绘制了千万尊坐佛,据说维修一尊就须 5000 泰铢,大厅设置有拉玛一世王宝座,每年赐封内命妇在此举行。宝座旁有 1932 年实行君主立宪制后,总理送给国王的四株金花树、金花瓶等珍贵文物。大厅内还悬挂一面大镜，中国在清代曾大量输入泰国大米，泰船运大米为重船，返航时多拉回大镜或石雕、石板材以压船舱。因此，在大成王宫内到处所见的铺地条石及福、禄、寿三星，关羽、周仓等大型石雕均属当日压舱之物。

九

北揽府是距曼谷市最近的一个府治，通过高速公路仅 1 个小时可到达。在北揽府有一座声扬寰宇的"北揽养鳄湖"，已成为泰国旅游胜地之一。在主人的安排下我们来到这久已向往的动物园。

鳄鱼湖的外国公共关系室主任纪联合先生接待了全体护送团成员，他是鳄鱼湖创始人杨海泉先生之快婿。他热情地引导我们参观了恐龙博物馆、鳄鱼池，观看了戏鳄、斗鳄的表演、大象表演，陪同我们与斑斓大虎及大象拍照。并告诉我们，泰国鳄鱼湖即将在中国广东建立类似的养鳄基地。

鳄鱼是热带地区产物，属于脊椎类两栖动物。噬杀人畜，入水能潜游，登陆能爬行，栖止于水陆间，其体态庞大，活动官能发达，殊非同类之龟、蛇、蜥蜴所能比拟，号称爬行类王者之族。多产于热带及亚热带地域，而泰国所产最优质。北揽鳄鱼场是世界上公认的规模最宏伟、设备最齐全的鳄鱼饲养基地。其肉可治疗哮喘，其革至为名贵，一件鳄鱼皮包或鳄鱼皮带竟要人民币几万或几千元，经济价值极高。鳄场占地 1500 亩，大约有 4 万条鳄鱼，每天喂饲鸭脚肉类 15 吨，有工人 400 余人，最多一天可有 5 万观众，全年 200－300 万人。最大的鳄鱼 6 米长，重 1500 公斤，但只是潜卧水底很少上游，故见尾则不见首。1991 年 6 月 12 日，原国家主席杨尚昆来观光，并有缘为 10 余条鳄鱼接生，现都已长约 1 米，场方专辟一池饲养，以资纪念。鳄鱼生性凶残暴戾，故园内在各场之间以弯曲天桥沟通。园内树木茂密，万绿环绕。12月的泰国，室外温度高达33℃-35℃，让人感到盛暑难耐。经过长途跋涉，漫步风光如翠之植物园林中，或斜依长桥，或歇憩凉亭，啜饮刚从树上摘下的椰子，清凉甜美、沁人肺腑，立即驱走了周身的燥热。纪主任专为客人招来了饲鳄工人，他们拿筐子盛了牛肉类的饲料，向湖里鳄鱼群投下，引起鳄群一阵混乱，勇猛追逐，水花四溅，惊心动魄，蔚为奇观，诚为该湖一大景致也。

鳄鱼表演精彩绝伦，而人与大鳄相斗相戏，更增加惊险的气氛。他们的制伏鳄鱼绝技，使人叹服。时而把头伸入鳄口，时而在水中伏鳄后，将巨鳄抱上池岸，时而骑鳄遨游，时而让鳄鱼吞钱而又以手抠出，惊险万状，简直把性命当儿戏，其惊险程度比玩蛇伏虎有过之而无不及。

世界上鳄鱼约二十余种，但基本类别是咸水鳄与淡水鳄。泰国鳄大多属后者，分布于碧汶府的夜塞河、难府叻县各河流、披集府各河流及戎河流域，咸水鳄则分布在拉廊府及大比河源地区的素叻他尼府。我问主人为什么泰国鳄如此多？他竟幽默地说：与韩愈有关！

我国唐代大文学家韩愈，擅长诗文，因上《论佛骨表》，奏请唐宪宗皇帝废弃迎奉法门寺护国真身宝塔内之佛骨，遂遭"册犯皇室"之罪，被贬潮州刺史。到潮州后，关心民瘼时艰，追访父老，得悉城东一鳄溪（即今韩江）里多恶鳄，常为民害，乃亲自临江视察自撰一纸祭文。祭文曰：潮州刺史韩愈，"承天子命以来为吏。固其势不得不与鳄鱼辨，鳄鱼有知，其听刺史言。潮之城，大海在其南，鲸鹏之大，虾蟹之细，无不容归，以生以食。鳄鱼朝发而夕至也。今与鳄鱼约，尽三日，其率丑类，南徙于海，以避天子之命吏。三日不能，至五日。

五日不能，至七日。七日不能，是终不肯徙也。……刺史则选材技吏民，持强弓毒矢，以与鳄鱼从事，必尽杀乃止，其无悔。"然后令衙士备猪羊果品临江登拜。一夕之间，风雨大作，雷电交加，溪水随之混浊经日。此后，鳄鱼果然绝迹，大概鳄群受感化而南渡至泰国了。

十

先遣、护送佛指舍利的重大历史任务已结束了。泰国外交部为护送团一行安排了观光旅游，目的地则是距曼谷有 4 小时路程的著名海滨旅游胜地博他耶。同时沿途观看东芭乐园大象表演、民间风俗、舞蹈表演、泰国蛇园、水上市场等观光点，以使护送团成员，领略泰国真正的美妙风貌。

博他耶是泰国较早开发的旅游点，海湾宽阔，山形秀丽，海滩柔细，海水清澈。清晨与黄昏，天空出奇的蓝，破晓时分由深蓝而浅蓝，几点清亮的星星垂挂天边，几乎伸手可摘。离开喧嚣污染的曼谷，来到这澄清安恬的博他耶，紧张与烦劳顿时消失了。

我们住的博他耶市中心新世界豪华酒店，设计明丽雅致，风格华贵凝重，侍应人员待客殷勤，诚挚庄重。我独居一间，入夜推开窗户，涌进阵阵凉凉的海风，黝黑的大海近在咫尺，极目远眺只见一片模糊，间或发现点点渔火，就让人猜到天边还有夜驶的船只。朦胧中，耳际忽闻潮声，有时轰隆，有时淅沥，自远而近，循环不息，很快催人进入梦乡。

早晨起床，护送团中的年轻人早已成群结队跳入大海，享受海水的沁凉。海岸热带林木密布、白色沙滩、湛蓝海水、灿烂阳光、风光旖旎、良辰美景，长击胸怀。但博他耶商业气息相当浓烈，虽是海滨游览胜地，也变成灯红酒绿、纸醉金迷的世界。这里沿海滨的大道尽头，几乎全为红灯区所占据。阿卡萨（人妖）歌舞表演，是这里的重点观光项目，在全泰是最有名的。泰国旅游业以特殊行业招徕客源是世人皆知的。一些华文报纸正版登刊酒楼歌厅彩色广告，什么女郎热情、令人惊艳、情调高雅、温声浪漫、歌艺超群、赏心悦目等，同时每间歌厅广告均登有青春美艳的少女彩照，腐朽社会生活习气瞩目皆是，在广告中竟然发现署名西安××、×××两位小姐，令人不胜痛楚。

在博他耶护送团还参观了泰皇钦赐淡浮院。院长郭丰源先生原籍潮州，系移居泰国后的第五代传人。四十七年前，僧王智护尊者送泰皇佛庙一座，即由郭丰源先生亲总建设大计，于1987年顺利完成。泰皇大悦，赏赐春府博他耶土地17亩，要求他盖一座宣扬中国文化的圣殿。经郭先生父子规划，花费五年时间建成了今日钦赐的淡浮院。我国文化部赠送各类文物及复制品328件。另外，广东省、台湾省、香港也均有文物捐赠。1993年12月4日完工后，12月24日郭先生将整个庙宇献给泰皇。当时正值郭先生有腿疾，郭去拜见泰皇时上下车泰皇均搀扶，郭认为这是给在泰华裔的面子。郭请泰皇派人主持，泰皇径直让郭丰源父子管理。郭说：泰皇赐地在泰仅有我一人，委托我们父子二人管理淡浮院也是极大荣宠。我在淡浮院宣扬中华文化，对得起祖国，对得起中国人，对得起中国文化，言谈时很为动情，令在场的护送团深受感动。

郭丰源先生信奉道教，淡浮院一层为万寿厅，有泰皇蒲美蓬陛下拉玛九世及泰皇后诗丽吉御照，二楼供奉吕纯阳，三楼是释迦牟尼。他说泰皇又是信奉波罗门教的。所以，淡浮院是三教共主一寺院，也是从所未有的。他自称是汾阳郭子仪的后裔，故在郭氏祠堂中，敬奉郭子仪神位。台湾一些高官均为其题写祠堂匾额。其中有《道运·大同篇》中"大道之行也，天下为公"长篇语录。国民党元老张群赋诗一首云：

汾阳世胄出豪英，海表奔驰有令名。

伟抱频施兴事业，懋迁鼎盛善经营。

苤筹至计多居积，骏展宏图在厚生。

确信百工能富国，还期回馈尽忠贞。

　　12月6日全团从博他耶返回曼谷，抽空在商场购得些许纪念品，返回SD宾馆，盥洗更衣，即赴泰国外交部长及谢慧如侨领举办的惜别晚宴。在宴会上宾主均发表热情洋溢讲话，互道珍重，惜别之情溢于言表，宴罢尽欢而散。12月7日乘中国西南公司航班直飞北京，晚9时安全抵达，结束了这次意义重大而且是不寻常的泰国之行。

考古学者眼中的意大利

1996 年 3 月 2 日

以姜信真副省长为团长的陕西省文物考古代表团一行 6 人应意大利文化遗产部的邀请，今日赴意作为期 16 天的访问，秘书长由省文物局副局长张廷皓担任。

早 6 时起床，9 时乘中国国际航空公司 CA939 大型波音 747 宽体飞机前往罗马。

意大利地处欧洲南端，意大利半岛及其周围岛屿几乎一直延伸到非洲海岸。她是希腊－罗马文化的直接继承者，是欧洲同亚非的连接纽带，是在欧洲大陆的政治领域中提供稳定与缓和的源泉。意大利面积有 30 多万平方公里，比法国小，与波兰相差无几。罗马城古迹、著名的庞培城、威尼斯水城等等，无一不让人朝思暮想。今日终于圆了到这考古圣地膜拜的梦想，实在令人兴奋不已。

经过 10 多个小时飞行，抵达米兰。在机场休息室小憩后，继乘 CA940 航班经 2 小时飞行安全抵达罗马。中国使馆孙毅文化参赞、三秘郑浩，曾驻北京的意大利方大使，远东非洲研究所主席尼奥里教授等人在机场迎候。在贵宾室宾主互致谢意，明确日程安排后即赴旅馆休息。由于意中友协负责日常接待事务，故给每人发"Associazione Italia Cinadc"红色标牌一枚。

3 月 3 日

在旅馆餐厅用完早点后，即登上意大利主人派来的面包车，驶往享誉世界的庞培。今日是星期天，没有主人陪同，无拘无束，我们感到很惬意。沿着第勒尼安海岸东南而行，11时已看见林立的窗囱。翻译詹长法告诉是那不勒斯，姜省长以化工专家的眼光指出，这是一座化工城。再行东南 30 公里就到达了庞培城。

由于主人的安排，导游朱塞佩先生已在门前迎候。上过一个小山坡，就看见了雄巍古城。在横跨护城河的木桥上，朱塞佩先生说，庞培非常大，城周 3 公里，有 8 座城门，这座是西门，为著名的女神门。庞培始建于公元前 6 世纪，为希腊移民的小镇，公元前 3 世纪归属罗马。公元 79 年维苏威火山爆发，大约正是中午或晚饭时间，当灾祸猛烈降临时，人们来不及躲藏，一齐被埋入火山灰中。城中的火山灰厚 4 - 8 米，原有 2.5 万人，均被窒息而死，火山灰掩埋之人的躯体早腐化，考古学家以石膏灌注恢复了当时被窒息时的各种姿态的古罗马人，体格比现代人略小，这在世界考古发现中堪称奇迹。据朱塞佩介绍，火山灰有机成分丰富，被湮没的庞培城形成了长满草的山丘。住在城西的人做面条，要到城东取水，每天翻过山丘。为了方便而筑路，于 1720 年发现了庞培，那时还属西班牙。1748 年先是法国人、后是德国人来这里发掘，1880 年意大利人才来庞培考古发掘。目前已发掘全城面积 70%。1763年由于得铭文确知为庞培城。百余年的发掘，获得了丰富的绘画、雕刻、工艺及古代建筑资料，为欧洲近代考古之先声，对于欧洲 18、19 世纪兴起的古典主义美术的发展，以及学院派美术的产生都有着直接关系，对历史、考古、文艺思想都有深刻影响。

庞培城址略呈长方形，东西长 2000 米，南北长 1600 米，周围建石城墙，有南北向大街一，东西向大街二，垂直相交，大街之间小坊店铺分散排列在街道两旁，大小一致，面积相等，布局有如棋盘。这座罗马时代城址的布局，使我们想起唐长安的坊里，比我们早了 7、8 个世纪。在这里的工作人员 200 人，每天有世界各地 4000 人参观，收入全部上交。

导游将我们依次引进朱庇特神庙、阿波罗神庙、市政广场、会议堂。市政广场是庞培的政治、经济、文化中心，广场四周道路中间竖石，阻挡车马入内，是一切公众活动场所。会议堂为古希腊的政府官吏居住、办公之地。阿波罗神庙在石砌的高台上，有石柱支撑的大屋顶，其下为封闭的石室，石室仅有南门，有两层高的楼房围绕在神庙的四周，结构严谨，强调对称。当然现在都只留下断垣残壁了。但在东楼房之下还有铜铸的阿波罗像，极生动有趣。导游告诉我们，瓦楞形的圆柱，是罗马文化特征，而大的方柱则为希腊风格。

我们参观了街坊酿酒及面包作坊，公共浴池，看到了大街上许多为行人提供饮水的喷泉，还看到广场附近以白色大理石精雕细琢的许多珍禽奇兽、昆虫，还有老鼠，这在中国很少见。一般性住宅中的天井大厅、居室等极富特色。在城的东南角看到了大剧院。剧院为圆形，阶梯状，最下层为有钱者座位，中层为中产人，高层为平民，大理石座及厢房为政府首脑的。这剧院可坐 5000 人，音响效果极好。城的西北角的三角市场，导游告诉我们比罗马时代的庞培要早，是古希腊时代人们生活的集中地。18 世纪盗掘文物活动首先由这里开始，现在还遗存有 88 根石柱。

步出三角市场大门时，远远望见欧洲著名的活火山维苏威火山，海拔 1280 米。原系海湾的小岛，后经一系列火山爆发，堆积的喷出物将其与陆地连成一体。公元 79 年大喷发，把庞培、赫库兰尼姆和斯塔比亚三座城市全部湮没。近几年它又进入新的喷发期了。

庞培城的壁画到处可见，最早有公元前 2 世纪作品。壁画手法类似线描，不似欧洲油画，以线条勾勒然后填色，光线运用纯熟，身体凹凸及质感清晰，据说是希腊风格，但内容为"春宫"画。据导游说，庞培当日是与希腊及非洲等地商贸交往的大港口。商人多、妓院发达，连去妓院的路标也以男根指示。因语言不通，故在妓院画出各种姿势的性交壁画，不用语言指画交易即可。妓女被古罗马人称为狼，大约她们身份是奴隶，被关在妓院内，为招徕客人作仰天长吼，如狼一般而得名。古罗马是个强大帝国，王室权贵，巨商富绅，生活豪华，奢靡放荡，许多私家住宅内及大门口，均有夸大男性生殖器的壁画或雕刻。在一位巨富门口迎面壁画中，主人将生殖器放在天平一端，另一端为金银珠宝，除了夸富以外，罗马人认为硕大男根是兴旺发达的标志。所以，庞培博物馆有这类绘画、雕塑之专集出售，描绘、塑造之夸大令人大为惊异，这真是古罗马艺术中的罕见作品。

3月4日

早起由旅馆去机场，9：30乘意大利国内航空公司飞机飞往西西里岛。10：20抵该岛首府巴勒莫，考古专家安琪儿前来迎接。下榻当地五星宾馆伊杰阿别墅，这里曾接待过伊丽莎白女王。巴勒莫刚下过大雨。雨过天晴，空气十分清新，令人心旷神怡。

西西里岛是地中海最大岛屿，面积约2.5万平方公里。它拥有丰富的历史和艺术遗产，是典型的地中海气候。人口集中在巴勒莫、西拉库萨周围，以及阿格里琴托等地。这里的特点是有许多古代城市的重要考古遗迹、大墓地，许多城镇为保护一处重要古迹，即设有文物局，专司文物保护之职责。连意大利去西西里的人也不很多，这次安排就显得特别珍贵了。

抵达伊杰阿别墅后，有人就催促会见大区主席。放下行李没进房间，就在贝贝先生及安琪儿的引导下，穿过市区向政府所在地诺曼尼宫殿进发。途中，导游贝贝先生向我们作热情地介绍，巴勒莫是由腓尼基人公元前 8－前 7 世纪建造起来的，公元前 254 年受罗马统治，公元 6 世纪又沦为拜占庭领地，阿拉伯统治时期，成为独立的西西里酋长首都，进入了繁荣时期。古老市中心布局井井有条，是阿拉贡王朝时改建的。1874 年前归入意大利。他说：这里原是重要港口，在世界上占一定地位。20 世纪 60 年代经常罢工，远洋船遇到罢工就得停航 1 周－1 月货物不能卸下，大部分海船都到阿姆斯特丹去了，这个港口萧条，失业率达到 20％，相当部分失业者干黑活，常常导致非法活动和犯罪。我们所行驶的大街傍海滨，有二战中被炸的房屋。由于有伊欧利安群岛火山，地震频发，楼房较矮，没有超过 18 层的建筑。一条著名大街贯通全市，长 4.5 公里，有 280 家银行。

11：50，姜省长会见了大区主席，互道感谢之意后，双方各自对西西里和陕西作了介绍。主席愿意与陕西建立友好关系，并发展文物保护及其他方面合作，同时表达了访问陕西的愿望。姜省长肯定了两国都有悠久历史，都对世界做出过重要贡献，陕西与西西里在这种贡献中起过特殊作用，愿与西西里不断加强合作，并代表省政府邀请主席专程访问陕西。双方互赠礼物后在西西里大区旗帜下合影留念，并出席了主席的鸡尾酒会。

15：00，参观国立考古博物馆，这里陈列保存着腓尼基、希腊、伊特拉斯坎、迦太基和罗马的文物，以及从塞利农特考古区发掘出的精美雕刻。大型的靴形浴缸及石臼量器、公元前 4 世纪的奶嘴等，引起了我们巨大兴趣。而公元前 6 世纪出现与春秋中期秦国相类的筒瓦、槽形板瓦引起我极大注意，我感到秦国与地中海之联系恐怕比我们过去知道的早得多！

16：10，参观议会大厦。大厦于 1130 年 12 月建。绘画为圣经题材，遍布内部拱形柱门、回廊之内壁，画面镶嵌金银，带着显著的拜占庭风格。华丽的藻井先雕刻成形，然后以动物血涂绘，贴以丝绸。15世纪西班牙人修过一次，在干裂缝隙内填以木条，最近都进行了科学修补。这里从1130年－1947年都是议会所在地。

17：20，赴一小镇参观圣·玛丽亚教堂。教堂为1164年建成，约7000平方米，1815年大火烧掉，近10年复制藻井又遭白蚁之害，美国提供资助，以特殊蜡注入固化，如水泥一样，费时三年才完成。教堂有伊朗与拜占庭风格绘画，外面有许多雕像。在教堂内有一红石棺埋葬着西西里最后一任总督。红石在欧洲很珍贵，已很难找到了。这副棺是锯开一根大型红石柱制成的。

3月5日

在伊杰阿别墅我被安排住在一层，滨海的阳台上一色洁白的桌椅，可远眺鸟斯提卡岛，不时有巨浪拍激窗下之海岸。西西里岛有一千公里的海岸线，为游人提供了丰富多彩的海洋环境，有广阔的沙滩、陡峭的悬崖，沙滩在地中海的海风吹拂下闪闪发光。入夜忽为阵阵雷声惊跃，掐指一算刚过正月十五，今日正处惊蛰，不由想起了白居易的《正月闻雷》诗：

瘴地风霜早，温天气候催。

穷冬不见雪，正月已闻雷。

震蛰虫蛇出，惊枯草木开。

空余客方寸，依旧似寒灰。

我们游兴正浓，并没有香山翁之苦凄心态。而且受地中海气候之影响，这里桃杏已尽，菜花怒放，柑橘枝头累累，仙人掌高可及屋，一派亚热带景象。然而天地积阴，雪雨不测，朔风迎面，素雪飞舞，在我们日后的游历中多次遇到雪雹，这对年均温度19℃的西西里来说简直不可想像，返罗马后意大利朋友闻知莫不称奇。

8：30 由伊杰阿别墅向阿格里琴托进发，一路上风光宜人，景色秀丽。10：30 抵达阿市。文物局已派人在岔路口接应。这里的文物局与我们的文物局的性质、职能不同，是大区派出的机构，业务受遗产部的领导，国家级的文物考古区都设这么个局，专司划定的遗址区或考古区范围内之文物管理与保护。

文物局派出一位叫努琪雅女士与我们共进午餐并陪同参观。午餐全为西西里风味，饭馆设在一个较高的山坡上，窗明几净，窗外攀绕着一丛丛红色粉色的卢干比花，在万绿之中显得楚楚动人。西窗可眺望碧波万顷的大海及山顶的神庙。食间，阿格里琴托文物局送来一位英国人在 18 世纪时该地区风景的素描画册，印刷精美，装帧华贵，努琪雅女士为我们签字留念。

努琪雅女士是考古学家。我询问她从事考古年限，答曰：15 年。她询问我，答曰：36 年，为之咋舌。她说文物局所在地周围的农田，文化遗存遗物丰富，大雨过后即可冲出希腊时代器物。他们将陶片堆积多的地方，都划为保护区。她说：西西里的考古区与遗迹，不出钱即可进去参观，意大利其他地方亦多如此，所以旅游者很多。

阿格里琴托是公元前 6 世纪由希腊杰拉的居民建立的。公元前 406 年被迦太基人摧毁，以后陷入罗马的统治。罗马帝国覆灭后，它被哥特人、拜占庭人统治，从此迅速衰落。主要的古迹都集中在坦普利山谷，所以这里又称为圣殿山谷。多利安人在公元前 6－前 5 世纪，建立了许多神庙，我们分别参观了供奉海格立斯、奥林匹斯山神朱鹿特、米诺、卡斯特等神的神庙。有一座叫"康科迪亚"神庙保存完好。努琪雅告诉我们：希腊公元前 6 世纪的神庙，前面为 6 根石柱，两侧廊柱各为 13 根，到公元前 5 世纪，前为 5 根，两侧各为 12 根，供奉的神在廊柱包围的中间 3 间石屋里，不像后世教堂所有人均可进入，而只允许祭司进内。神庙附近还残存石头城墙，罗马人占领这里后，将死人埋入城墙，现已被掏空。因第一次见罗马这种龛式墓洞，我邀努琪雅一同照相，她欣然同意了。在这里她还向我们介绍了从古希腊到现在都生长的一种阔叶草——阿干头草，还教我们认识希腊的陶片。同行的人都拣了几小片留作纪念。再往前走，通过圣徒墓地，来到了公元前5世纪宙斯神庙。倒塌在地的巨型石质柱头，可以想见当日神庙之恢宏。到处可见板瓦残片，努琪雅说这大瓦长80厘米，宽40厘米，与中国板瓦极类似。神职人员住宅在神庙之北，占地很大，再往北有另一神庙残柱，已修复完备，有文物局树立的保护标志，说明这次修复共用去1.34亿里拉。在此神庙之西及圆形祭坛内，发掘出成千上万希腊神像。努琪雅告诉我们：希腊人之史书记载，在这神坛之北有大湖，水深鱼多，而今日我们只看到北边一条深谷了，不免又生沧海桑田之感叹！

15：40与努琪雅女士告别，向西拉库萨进发。17：10途经古罗马别墅（PIAZZA ARMERINA）。别墅是罗马权贵每年来度假休养的地方，有巨大的浴室、健身房、祭坛、花园、厕所。这里有古罗马各个皇帝时期的建筑风格。毁弃后，文化堆积丰富，公元1800年农民挖渠发现。1937年、1942年以及1986年都进行了发掘。发现了大约3500平方米以各色马赛克小片镶嵌的罗马巨幅地板画。镶嵌画有几何图形，有异兽禽鸟、水族、人物、车骑、鱼、猎、争斗、航行、驯兽、神怪等各种场面，极为精致。均以玻璃铝合金钢大棚笼罩保护。在镶嵌画中有一副健身图，男女均为裸体，可能属公元3世纪创作的，这是世界上最早的健身图。主人允许我们进入当日作为餐厅的镶嵌画地面，这是特殊礼遇，在这里姜省长接受了当地电视台之采访，并回答了记者的提问。

当晚驱车抵达西拉库萨旅馆。

3月6日

西拉库萨位于西西里岛东南海湾的奥蒂吉亚岛上。旅馆属四星级，恰在风景优美的海滨。我们相约观看市容。走出旅馆漫步走过与西西里岛连接的一座古老桥梁进入市区。市中心还保留着中世纪的街道，巴鲁克式的建筑到处可见，城市还是有规划的方块布局。街面上商业网点距开门营业还早得很，我们只是从玻璃橱窗中看到标有昂贵价格的各色物品，然后转到水果、蔬菜、鱼鲜市场，这类物品与国内价格相当。如硕大的柑子，1公斤5000里拉，折合人民币近30元。

9：20，西拉库萨市文物局派员陪同代表团前往该市考古博物馆参观。这座博物馆是西西里岛重要博物馆之一。保存着17－18世纪考古发掘有关希腊、罗马时代的出土物。1840年建立，1986年建新馆。陈列内容分史前期、西拉库萨历史、希腊与罗马各时代文物、博物馆创造人纪念展，总面积达9000平方米。我们选择了西拉库萨历史考古陈列部分进行参观。

陪同的专家介绍，西拉库萨是公元前8世纪由希腊人建立的城市。当时希腊某个城市来西西里岛移民，即以该城命名当地的地名，现在西西里岛与希腊有许多相同、相类的地名，表示了两者密切的关系。其实，在中国上古时代，部族迁徙到新地，仍以旧地命名。我也曾依此考证秦人迁徙轨迹，并认定秦人起源于东方。西拉库萨城墙周长27公里，包括有5个城市，公元前480年麦卡拉被毁，故这里的文物很多。许多石刻造像如刻有古希腊人名的狼给双胞胎喂奶石像，大型的各式样的石雕柱头，各类大小不等的彩绘陶器、大型彩绘的陶质建筑构件，以及有避邪作用的陶质神面具等等，都给人留下深刻印象。

陪同专家教我们对希腊彩绘陶器作年代鉴别。他说：彩绘陶器分黑、红两种。公元前 8 世纪－前 7 世纪红色为底，黑彩为画；公元前 6 世纪则以黑色为底，以红彩作画。这样我们也可对希腊彩绘陶器进行简单地断代了，提高了参观的兴趣。在参观中还发现，柿状忍冬花结、忍冬四出花在古希腊大型石柱雕刻上就有，改变了我原以为柿状、石榴状花结是唐代工匠创造的想法。更重要的是发现公元前 560 年西拉库萨大神庙屋顶上，竟然使用着槽形板瓦、筒瓦，其造型、使用方法与秦人如出一辙。槽形板瓦原认为是秦人特点，东方六国绝不见用。在西周时未见，是秦人独有的突然出现的。而在这里的神庙，以及更早的阿格里琴托宙斯神庙上却都发现了。这两者关系是什么？如果秦人是从希腊学习到制作槽形板瓦及筒瓦的技术，秦人与古希腊、地中海的文化可能早有交流与联系，比张骞通西域要早几百年，这个发现令人太激动了。

在参观结束时，这里的女馆长与代表团会面。她详细的了解中国文物管理机构、管理状况，然后说："西西里的博物馆不管考古的发掘，只是负责陈列。但可以与有关单位合作发掘。决定发掘是文物局的权力，它可以决定谁去发掘，或保护古建艺术品。资金全部来自大区政府。这些人才是由大学专门培养的"。所说的管理办法竟与我们毫无两样，可见我们多年来实施的一套管理办法是适应国际要求的。

12：00，我们驱车到了西拉库萨市区的制高点上，参观这里的圆顶大教堂。因为有庞培的经验，同行的张廷皓、王长生、詹长法等先生，一眼就指出教堂的台阶与包在墙里的石柱为希腊时代的文物。果然，陪同来的专家介绍，这是公元 7 世纪在一座前 5 世纪的多利安人的庙宇原址上建造的天主教堂。公元 15－16 世纪又曾改建，因此这个教堂四壁及地面装饰花纹带有明显的中亚色彩。整个教堂成为古希腊、罗马、阿拉伯、拜占庭、文艺复兴各个时期艺术作品的载体，记录了

2500 多年的历史变迁。无怪乎我们参观时，教堂内人头攒动，摩肩接踵，人们都对这一文化奇观赞叹不已。

14：25 到奈亚玻利斯遗址地区。这里曾是西拉库萨 5 座城市之一。首先看到在青灰色的基岩上开凿出的圆形大剧场。最迟公元前 5 世纪造成，一直用到公元前 3 世纪。由九个大扇形台阶拼成一座圆形剧院，可坐 1.6－1.8 万人，由此可推知当时城市之大。现在西拉库萨仅 20 万人，过去比现在的人口要多。除演出外，史书记载在此向公众介绍英雄人物，是当时的政治、文化活动中心。50 年前将这里辟为公园。

这剧场之北有希腊时代采石场。采石场为面积有 50 亩左右的大坑，坑深 30 余米。坑内柑橘满园，果实累累，现在已变成果园了。当日从地面打洞如矿井一样采凿石材。据介绍以铁器凿缝，将干燥木楔打进缝隙，然后灌水使膨胀的木头将石头崩裂，再将石材运出。这个采石场还有座耳朵洞，深 60 米、宽 12 米、高 25 米，我们进去伸手不见五指，滴水之声不断。在洞子的最深处上方，奴隶主凿小孔派人监听，洞内任何声音均无遗漏被窃听，以防止奴隶之暴动。从这里使我们了解到法国名著《悲惨世界》所描绘采石场的残酷。这个采石场不知沿用多少年，估计采去石材 80 万立方米，全西西里发现 100 多个采石场。可见古希腊时代建城用石之多，更不知死去了多少奴隶！

采石场之西有一座巨大祭坛，是公元前 3 世纪在基岩上开凿出来专门祭祀天神的。坛呈长方形，五层台阶。动物从台阶底下赶上去，然后屠宰，只用血来祭祀天神。平民都等候在祭祀坛台阶下，等待着祭祀完分享动物之皮肉。

15：30，参观了这里的椭圆形阶梯状的古罗马剧场，长径 140 米，短径 119 米。剧场中间有一长方形水池，现在还有一汪清水。我问陪同来的专家，他说这里也是斗兽场，可容 1.5

万人。水池是洗血池。人与人斗、人与兽斗是罗马文化的特征。专家说：西西里岛原先属希腊或迦太基人，但年轻而强盛的罗马，不满足于一个意大利半岛，它必须征服西西里。公元前265年玛美尔提雇佣军起义，占领了西西里的墨西拿，向罗马求援，以抵抗迦太基军团。罗马人在公元前264－前241年，打败了迦太基人，将西西里变成罗马一行省，古罗马文化吸收了希腊文化。古代的一位哲人说：古罗马征服了古希腊，古希腊文化征服了古罗马。古罗马把古希腊文化传播到世界。这就是历史的辩证法。

离开这里，匆匆赶往卡塔尼亚机场，万家灯火之时，抵达罗马。

3月7日

9：30到瑞士使馆办理去苏黎世之签证。使馆要出示往返机票及罗马市警察局的同意居留证，我们中三人未带机票，而居留证尚未办理，只得延至明日解决。

11：25姜省长到意大利外交部会见文化关系司长。除代表团一行外，意大利前驻中国大使方、恰尔拉、米盖里、意大利文保中心主任，以及中国文化参赞孙毅、大使馆科技处二秘孙成永、文化处三秘郑浩也陪同会见。

12：40上述人员陪同姜省长会见合作开发司副司长。

16：20会见文化遗产部文化遗产司司长。

以上会见，对前阶段合作给予充分肯定，并商谈了下一步合作的重点及范围。意方对姜省长所阐述的文化合作与经贸合作关系，以及逐步开展的项目，都表示非常赞赏！

随后，参观了意大利文物保护中心。这个中心有古器物修复室、绘画修复室及丝织物修复室。我们看到他们采用摄影测量法，按层分割所复原的公元前7世纪的战士雕像，然后制成模型的新方法；看到以网格划分所修复的壁画色块，以准确修

复壁画脱落的颜色；他们以香蕉水溶入赛路洛的液体，清洗壁
画污垢的方法值得借鉴，该液体漂浮而不渗透，对画面不影
响。丝绸修复室有特大桌子，将要修复的丝织物放置在桌上
后，有一与桌面呈平行状的床在其上移动，人可俯卧床上修复
桌面丝物的任何部分，这些都值得学习。

然后在修复中心参观了公元 12 世纪一位红衣主教收藏的
油画。

3 月 8 日

今天，我们将集中参观罗马古迹。罗马是罗马帝国的心
脏，罗马市场又是罗马城的心脏。罗马位于意大利中部，台伯
河两岸。依照推算应建于公元前 753 年 4 月 21 日。罗马起初
是王国时代（公元前 753－前 510 年）；然后是由执政官治理
的共和国时期（公元前 510－前 30 年）；最后是帝国时期（公
元前 30－公元 476 年）。中世纪教皇的宫廷设在罗马而成为独
立国，1870 年 9 月意大利军队攻占了罗马首都。古罗马市场，
也叫罗马废墟。最早是公众聚会场所，后来逐渐发展。包括了
共和制时代一组建筑，重要的如古罗马元老院、塞蒂米欧·塞
维罗凯旋门、安东尼诺与法乌斯蒂神庙、斗兽场、提图凯旋
门、农神庙、爱神与罗马神庙、黄金里程碑等等建筑。凯撒大
帝在此被刺死，而黄金里程碑标明了罗马帝国主要城市的距
离，所有国道均以该碑为起点，四散展开。因为翻译没来，我
们只好漫步走到君士坦丁凯旋门前。这是元老院和罗马人民为
纪念君士坦丁大帝，于公元 312 年战胜马生齐奥暴君而修建
的，但全部材料是从图拉真等几个凯旋门上折卸下来的。它的
门额上刻着："献给崇高伟大真明幸福皇帝凯撒·佛拉维奥·君
士坦丁·马西摩，他蒙神明默佑并以卓越智慧仗义率军作战，
平息叛变，适时消灭纷争，力求建立国家，元老院与罗马人民
谨立此胜利凯旋门。"罗马的凯旋门很多。这里还有提图凯旋

门，是在提图去世后，元老院为纪念他征服耶路撒冷而修建的。门下有提图站在凯旋马车上进入耶城与犹太俘虏两幅著名浮雕。另一座是塞蒂米欧·塞维罗凯旋门，是为纪念塞维罗皇帝及其两位儿子——卡拉卡拉和杰达所建。塞维罗（公元193—211年）当了18年皇帝死在英国约克城，然而却是生在非洲的。

我们在宏伟的君士坦丁凯旋门前照了相，即向著名的罗马文化奇观——斗兽场（也叫竞技场）走去。罗马是由七个山丘组成的。斗兽场位于艾斯奎利诺、巴拉蒂诺与切利奥三个山丘之间。斗兽场呈椭圆形，长径187、短径155米，外围三层都有拱门支撑，又分别以托科式、约尼科式和格林多式石柱装饰，第四层则使用格林多式壁柱。外围由八十个拱门组成，原先均竖有雕像。在竞技场圆形底部等距离地设置四扇大拱门，由此可达最上层的宽敞回廊。皇帝的座位设在贵宾席的中央，其次是元老院及皇亲的座位，再次是骑士、军官和护民官的座位。全场可容纳5万人。斗兽场是公元72年由韦斯巴西亚诺皇帝始建，公元80年由其子提图皇帝完成的。驱使奴隶有8万之多，其中有不少的基督徒俘虏。可以说没有一页罗马史或多或少不直接与斗兽场有关。当时罗马人最喜爱的娱乐是在露天剧场观看竞技。这种风气是在共和国晚期形成的，目的在激发罗马人好武精神。因此，就产生了职业性的角斗战士。他们互相搏斗，伤亡在所不惜。同时各种猛兽的嘶咬更助长了娱乐上的恐怖情趣。卡西奥·迪奥奈记载：剧场开幕庆典持续100天，杀死了9000头猛兽。猎人在罗马外地各省，捕捉狮、虎、豹、象、野牛等动物，可以远到努比亚、美索不达米亚、北非、西里西亚（土耳其）。有时全国一天死于搏斗的野兽高达5000头，可见耗费之巨。君士坦丁大帝曾设法终止遭到反对。斗士是受过严格训练的战俘、奴隶或罪犯，斗前受盛宴款待，最佳斗士会成为崇拜偶像，甚至可获得自由。表演不佳，被人击倒，观众会高呼："割断他的喉咙"。皇帝拇指向下一翻，就注定了他的悲惨命运。因此，斗兽场变成了罗马生活与罗马城的标记，有人曾预言："几时有斗兽场，几时便有罗马；当斗兽场倒塌时，罗马也将灭亡。"1084 年日耳曼人入侵，古罗马被洗劫一空，斗兽场被废弃，后来成为人们建房挖取大理石的场所。直到 18 世纪中期才下令禁止开采，保存下了这伟大的残迹。

　　三秘陈浩及恰尔拉先生都来了。在罗马市场一位女考古专家陪同下，我们进入了已辟为博物馆的这个考古保护区内。神庙与殿堂的遗迹，高耸入云的白色大理石柱，一切都是那么庄严雄伟，坚强有力，不由人想起古代罗马的辉煌灿烂。女专家将我们带到圣玛利亚教堂。它兴建在坎比多利欧山丘之最高处，古罗马城堡所在地，也是罗马众神的圣地。这个教堂是由一座旧建筑改建的，直到近代经考古学家对其内部壁画、石刻之考证才知道它承继了历史的荣耀，建立在罗马元老院本部之上。有两块石雕记载了凯撒的生活。这里从不开门，因迎接我们才破例开放。凯撒大帝公元前 44 年就是在元老院被刺身亡的。凯撒与庞培、克拉苏公元前 60 年建立了前三头政治，公元前 48 年击败庞培，公元前 46 年受任独裁者，任期十年。他将莱茵河以西土地划入罗马版图，赦免许多政敌，建立强大而效率很高的行政管理系统，推行殖民政策，制定法律及历法，有着良好政绩。他的继承人之一马可·安东尼在这里修筑了一座夫妇神庙——安东尼与法乌斯蒂娜神庙，保存极完好。但石条砌起的墙上有许多洞，我问同行的考古学家恰尔拉先生，他说石条是用铅固定的，孔洞是注铅用的，我问：木头也灌注铅吗？他说古罗马的木头也灌铅加固。这使我想起秦公一号大墓中的椁木空洞与裂隙均以灌铅方法加固，是巧合还是某种联系？是值得认真考证的问题。

继承凯撒的后三头政治分别统治了罗马共和国。安东尼负责东方、奥大维负责西方、雷比达负责非洲，意大利本土事务三人共同处理。但不久开始内斗。公元前31年奥大维打败了安东尼。安东尼与皇后克厢脱佩拉逃回埃及自杀，结束了共和政体，奥大维成为罗马第一位皇帝，在自己名字前面加上"奥古斯都"尊号，建立集权统治四十年，政绩极佳。在帕拉蒂诺山丘我们参观了他的俭朴的小庭院。地板以黑白马赛克镶嵌而成，室内墙壁划分成长方形框子，画有壁画，有的正中部位绘有舞台。我们还进入奥古斯都碰到难题后独自进行思考的书房，壁画更为精美，面积最多有12平方米，许多大事是在这里决定的，连意大利考古学家恰尔拉先生也是第一次参观。这是意大利当局给代表团又一次的特殊礼遇。

12：15我们走过罗马著名的阿比来古路，它是公元前4世纪修筑的。路的两旁有10多里长，埋葬着20代显赫的贵族。然后抵达卡拉卡拉浴场。它是由塞蒂米欧·塞维罗皇帝于公元206年开始兴建，217年卡拉卡拉举行开幕典礼。浴场可1600人同时入浴，是目前保存得最完整最富丽堂皇的古罗马浴场之一。有冷水浴、温水浴、热水浴、集会室、整容室、娱乐室。浴场中央大厅广阔，穹顶壮伟，雕像华美，用材高贵。热水冷水供应全靠地下通道。烧火在地下，以木柴加热，有健身房、大型温水游泳池。目前残留砖墙高度在30－40米，遍地以小小的各种色彩马赛克镶嵌出以海洋、水族动物为主的地面装饰。同时还有花园，陈列许多雕像。把浴场修得如此雄大豪华，这真是古罗马文化又一特征。若不看到这雄伟建筑的废墟，简直令人难以置信。罗马真是一座露天的历史博物馆。

15：50，访问了世界文化遗产保护中心。

3月9日

10：35 访问意大利中远东研究所。该所是在外交部备案的文化研究公共机构，业务上接受文化遗产部和大学科研部的管理。

该所 1933 年在意大利政府提议下成立。现任主席由盖拉尔多·尼奥里教授担任，研究所旨在发展意大利与亚洲国家之间的文化关系，包括文史哲、考古学等在内。从 20 世纪 40 年代起，该所分别在尼泊尔、巴基斯坦、阿富汗、伊朗、阿曼、也门、匈牙利、泰国、前苏联中亚地区、中国西藏开展过工作，现在着力于中国及叙利亚文物保护研究，并资助陕西省建立了西安文保中心。

该所还与巴黎，阿拉伯，美国威斯康新州、费城、华盛顿，及尼泊尔、维也纳、布达佩斯、莫斯科、巴基斯坦、也门、印度、泰国、中国陕西的许多研究机构、管理机构、大学签订了协议，进行广泛的国际交流。1996 年元月更名为意大利非洲和东方研究所。新任主席盖拉尔多·尼奥里教授是伊朗学专家，他同时担任那不勒斯东方学院院长，在意大利和国际上享有盛名。在参加了尼奥里教授举行的鸡尾酒会后，我们来到楼下的意大利东方博物馆。

女馆长与中国部的考古专家恰尔拉先生，以及其他两位专家接待了我们。在博物馆的前厅，女馆长亲自介绍该馆收藏及陈列的情况，并说前厅的大屏幕是为接待学生观众而专门设置的。我们参观了从伊朗、巴基斯坦、叙利亚、土耳其发掘或出土的文物，对伊朗出土的公元前 3800－前 1200 年开凿石头的小金属凿头、作皮鞋的木楦、各类骨质或木质的梳子、织布梭子等反映当地高度发展的文化水平有很大兴趣。主持伊朗东部发掘的夺地先生说：古代伊朗环境比现在好得多，甚至完全不一样，有森林的地方现在已变成沙漠了。伊朗在公元前 12 世纪－前 7 世纪有许多女性崇拜的陶造像、铜权杖首。而巴基斯坦的新石器彩陶与我国极相似，在我们汉代出现的制作金器的炸珠技术，叙利亚在公元前 8 世纪就出现了。

这个博物馆还收藏了 100 多幅唐卡，拟于 1998 年搞一次西藏唐卡展览。

参观过程中，该馆将十多件新近收集的西周青铜器、秦代错金银带钩、唐代铜镜和三彩拿出来让我们鉴定；我们指出了其中青铜器、铜镜中的赝品，主人深表感佩。

中午我们代表团拜访中国驻意大利大使馆。使馆门口拥挤着许多中国同胞。经解释才知道意大利去年实行大赦，凡 1995 年 11 月以前没有合法手续进入意大利境内的外国人，只要能拿出证据，如住旅馆发票、车票、看病诊断等等，经本国使馆证实，意大利政府就可给办理合法留居意大利的手续，现在已接近尾声了，故异常拥挤应接不暇。在大使馆举行的接风宴中，吴明廉大使向出席使馆宴会的尼奥里教授、东方博物馆女馆长、意大利前驻中国的方大使等人建议，意大利应设"陕西学"的研究专业。席间，方大使好客及幽默风趣的话语，感染每位在座的客人，他不愧曾主政外交部礼宾司，善于缩短主客之间的距离，使得客人尽兴而归。

晚上，在罗马一座古老的餐馆中，曾经来过西安工作的 10 多位意大利专家，为代表团举行了丰盛热烈的宴会。

3 月 10 日

10:35 到达罗马郊区的马尔格博都城门遗址，公元 2 世纪建成。果桑地那皇帝是从这里进行十字军东征的。获得胜利后在此建立教堂。文艺复兴时期倒塌、废弃，成为民居。按照法律意大利政府将其买回，现在是著名的文物保护区。

到这里后，看到了许多野猫围着游客转悠。它们不怕人，成群结队，竟然爬上游客身上。在罗马的其他遗址上，如罗马市集斗兽场均见野猫，成为罗马参观点的一大特色，可与法国巴黎的鸽子、美国密西根的松鼠、日本奈良的鹿，相提并论。他们日夜在遗址中捕食老鼠，游人也购食相喂，所以，个个长得滚瓜圆溜，皮毛光滑。

下午3时许，向梵蒂冈进发。罗马宗教气氛十分浓烈，除梵蒂冈外，大小教堂300多座，还有300多所修道院及几所天主教大学。

1929年2月1日，梵蒂冈与意大利签订协定，梵蒂冈宣布成为独立国家，这是罗马教皇世袭的神权王国，国土仅有0.44平方公里，人口约3000人。这个国中之国，位于罗马城西北隅，四周围着高墙。我们远远就看见彼得大教堂的米开朗基罗设计的宏伟超群的大圆顶，它是世界上最宏大的教堂。

圣彼得大殿，是首任教皇及罗马主教圣彼得殉难之所。他是在公元64－67年间被罗马尼禄皇帝杀害的。他的墓穴就成为日后这座大殿的中心。起先是基督徒在其墓穴上建造一座小教堂。公元4世纪君士坦丁皇帝重修了他的墓，并在此建立一座教堂。日后在7世纪、12世纪分别建立了几座祭台，后来因为有倒塌危险，朱理阿教皇（1503－1513）才动用了当时许多杰出的艺术家，历时176年才完成了这个巨大的建筑工程。近年对圣彼得墓进行了发掘。教皇保罗六世在1987年6月28日宣布："我们不但获得了圣彼得坟墓的历史证据，且证实了他可敬的骸骨。这些记录、考古及逻辑的分析，给我们指出圣彼得就葬在这地方。"在此之前的5月初，我国考古工作者发现并考证了释迦牟尼的佛指舍利。这都是考古与宗教结合的最著名的事例。

我们驱车进入梵蒂冈，据说全国只有一名警察。圣彼得广场是罗马最大广场，长340米，宽240米，广场中央竖立着埃及高25米的方尖碑，是教皇西斯定五世从尼禄园场搬运过来的。两侧半圆形的环廊，像张开的双臂怀抱着广场及朝圣的人群，它是雕刻家与建筑家贝尔尼尼的创造，设计极巧妙。环廊下每侧列柱84根，分四行排列，陪同的芦方小姐让我们站在广场左右划定的红点上，左右望去，只能看见前一排21根圆柱，后三排全被遮住。每根廊柱高15米，三人才可合抱，可见其宏伟了。顶部林立着140尊圣人雕像，更显得环廊的壮丽。

圣彼得大殿如同由一连串的大教堂组合而成，大殿正面有五门，右面第一扇是圣门，在圣年才开，大概每25年一次，是世界与天主圣殿的门槛。进入大殿内，灿烂多彩，琳琅满目，令人有一种晕眩惊愕的感觉。大殿内部长度186.36米，大圆顶高度119米，支撑圆顶的四根大壁柱每根周长7.1米，这些恢弘巨制真是令人叹为观止！一进入大教堂，同行的人均被满墙的壁画和精美的雕刻吸引得分散了。米开朗基罗的雄强、拉菲尔的秀美风格，同样使人得到美的享受。我走到圣彼得铜像下，与许多游人或宗教信徒一样，照了相，并以手掌触摸了圣彼得的铜脚。

大殿最大的圆顶下，就是皇帝祭台，祭台下3.5米就是圣彼得的墓穴，来自世界各地的朝圣者，都在这里诵经，表明自己的信仰，我们去的时候，正遇主教讲经，祭台前人山人海，祭台的华美壮丽达到无以复加的地步。

晚上，赴意大利驻中国前大使方的宴请。饭前参观了他收藏的许多中国文物。饭后，乘火车赴水城威尼斯，文物修复专家米盖里与我们同行。

3月11日

早8：45抵威尼斯。

威尼斯是一座具有悠久历史的名城。原是亚得里亚海湾的礁湖区，从5世纪中叶，威尼斯人为躲避蛮族的入侵，逃到此地。威尼斯共有118个小岛，150条运河和400座桥梁。7世纪后，威尼斯逐渐成为地中海及通往东方航道的重要贸易中心，势力扩张到爱琴海诸岛、克里特岛以及君士坦丁堡的部分地区。15世纪威尼斯共和国达到极盛。但是美洲大陆的发现，使其商业与政治衰落，1866年重新归入意大利。

火车到达威尼斯时，翻译詹长法说他身上所带的代表团所有公私费用全部被盗，同时丢失一本护照，闻言大骇，一面向意大利朋友求救，另方面向意方报警。警方认为很难找到，大家心情不免沉重。刚把行李搬运下车，菲亚特公司的高级文化顾问已来月台迎接。他把我们引到TAXI235号游艇上，陪我们到旅馆。此艇洁白干净，据说曾载过戴妮安。威尼斯人不坐汽车，出门全靠船艘，在"街道"上航行的是当地一种叫贡多拉平底船。船首高翘，船身窄长，黑红漆色光亮，可乘4-5人，很多日本观光客乘坐。我们的游艇行驶在城中心一条大运河上，先通过了马可波罗故居附近的一座大石桥，然后进入热闹市区。运河两旁楼台亭阁、宫殿教堂比比皆是，足以显示威尼斯昔日的富有与豪华。我们下榻在一座四星级宾馆里，旅馆北面隔海相望是插入青天的海关钟楼，东面是著名的马尔可广场，窗外即是运河、远处可见亚得里亚海湾，波光粼粼，恍如仙宫。这里的许多旅馆或居家之门口，在水中插入许多木桩，这就是泊船的码头。

11:40来到菲亚特公司会议室。方大使与恰尔拉先生也从罗马乘飞机赶来参加会议并给我们筹措了部分资金。该公司高级文化顾问说终于请陕西代表团来到了格拉西大厦，今天我们就汉景帝阳陵的发掘、保护、展出的合作进行会谈，中午将与威尼斯文物局局长共进午餐，明天，威尼斯将是你们的。随后，就汉阳陵有关问题达成共识，并商定今年6—10月回访，然后签订协议。高级顾问又陪同我们参观了格拉西大厦正在筹备的西西里岛古希腊文物展，并就汉阳陵出土文物在此展出的问题征求了我方意见。米盖里与方大使就返回了罗马。

15：40到研究院美术馆参观。馆长兼文物局局长助理的一位女专家接待我们。她说这里前身是美术学院，收藏有威尼斯共和国与拿破仑时代的作品。威尼斯的绘画，在意大利文艺复兴时期的绘画中成就最大、影响最巨。成名的画家在这里也很多，如佐尔左那、提香、凡罗奈沙等。在这里，馆长介绍了拜占庭时期的宗教画。它底色全用金色，服饰华丽，且多有十字架，给我留下深刻印象。到文艺复兴时期，绘画中新出现了我国传统使用的沥粉贴金手法。

3月12日

9：40去韦涅尔·代来奥尼宫，这里收藏着佩吉·古真海姆收藏的文物。占大部分的是日本兵器、鞍具、甲胄，也有小部分日本、中国、泰国的瓷器，印尼的牙雕，日本的鼓、笙、琵琶、箫、笛等。这位意大利人在20世纪初，乘坐一艘轮船，周游远东，曾在东南亚、日本逗留较长时间，展室里有他身着日本武士甲胄、手执日本长刀的照片，足见对日本文化的热爱。馆里还有一台日本轿，极为华美精巧。日本文保机构在20年前，曾对这批保存在意大利威尼斯的兵器、革甲进行了科学维修，还拍摄了修复保护花轿的详细过程。

从罗马到西西里，从庞培到威尼斯，到处都可见修复文物、保护文物的现场，罗马的古遗址几乎是多年不间断地进行保护。每到一间博物馆，必定有本馆陈列内容及对所陈列的文物如何进行保护修复的小册子，向观众予以介绍。意大利保护文物的意识特别强烈，是我们到这里后的突出感受。

10：50我们正欲走进瓷器展室时，女副馆长却将我们引到窗前，然后滔滔不绝向我们叙说，经翻译才知她惊怪纷纷雪飘，说从未见过如此大雪。只见霰雪飘飘，乱落横飞，风卷复斜，入水即消。气温虽骤然转寒，衣衫如同泼水，但威尼斯人及观光客们并未畏缩，反而伫立在街头、桥上，尽情欣赏这200年不遇的雪景。

下午，我们乘大运河上航行的水上巴士由驻地向西驶去，泊岸后又走过许多小巷，跨过几座小桥来到威尼斯大学中文系。据迎接我们的老师介绍，中文系有四名中国教师，意大利教师几乎都学中文，有的还会讲汉语。每年可培养24名中文学生。毕业后，少数去中国学习，大部分在商业界工作。系主任领我们参观系上的中文书籍及杂志，《四库全书》及《古今图书集成》、《民国档案》等大部头书，是他们主要的收藏。《历史研究》、《民族研究》、大学学报、人民、光明、文汇等大报，放置在书架上。我们陕西考古研究所主编的《考古与文物》杂志，他们是通过大学的书店，与威尼斯一家图书公司订合同而长期订阅的。该系马克讲师会说汉语，接过我的名片，即说读过我写的关于研究茶文化的两篇文章，于是显得格外亲切。他随即送我最近发表的研究"王褒僮约"的论文，同时又送一篇研究欧阳文忠的《浮茶山水记》的文章。我开玩笑说：你为什么不把名字叫法郎？他说：叫马克是有意让人好记住。他的中文不错，是在台北、京都学习过的。

17：30我随卡多那教授、詹长法来到奇尼基金会、远东研究中心。这里原是一座教堂，二战时却成为兵工厂，遭到很大破坏。奇尼基金会将此地购买，并按中世纪教堂重新予以恢复，因此，教皇曾亲莅此地。这里中文藏书远较威尼斯大学丰富，且有较多的中国道藏。卡多那教授是研究吐鲁番的专家，也送我一本研究专著，然后陪我会见奇尼基金会主席。主席正埋头写作，南窗之外即是著名的威尼斯运河。他说1986年在威尼斯举行五千年文明史展览时，他代表威尼斯去中国签订合同，那次去西安。1994年这里还曾展出过陕西的文物。片刻告退，与詹长法乘船摆渡过岸，到了全市最大的圣马尔可广场。这个广场是在松木桩上铺上石块建成的，是全市精华所在，也是市民集会、观光客必游之处。广场三面为连环拱廊，上下全为商店，多售珠宝、玻璃、手表、衣服，价格较罗马高出几倍，充分反映了旅游城市的特点。

广场的正面是镶嵌有各式花纹、光彩夺目的圣马尔可大教堂，创建于 11 世纪，是一座受东方建筑形式影响的拜占庭式建筑物，到 14 世纪又增加哥特式的雕刻装饰和拱门，17 世纪又加上文艺复兴时期的装饰。教堂钟楼高 120 米，是全城最高的建筑物。光线已非常昏暗了，借助着闪光灯，抢拍了几张照片，就回旅馆去了。

3 月 13 日－15 日

7：10 从旅馆出发，乘水上巴士抵火车站。8：05 从威尼斯乘火车赴米兰。10：30 到达，受米兰意中友协的接待。

米兰是意大利最重要的工业和商业中心，同时在政治、文化上有重大影响。作为伦巴第省的首府，人口仅次于罗马，有270 多万人。在罗马时期就是贸易中心，现在意大利对外贸易有三分之一都经过米兰。它是公路、高速公路以及国内与国际铁路的枢纽。公元 292 年起，成为西罗马皇帝的居住地。城市的外观相当现代化，但却蕴藏着大量宝贵的艺术遗产和著名古迹。

午饭后，出发进入市内，直奔米兰大教堂。这是一座创建于 14 世纪的哥特式教堂，到 19 世纪才完成的富丽堂皇的建筑物，经历了五百多年，是世界上少有的"胡子工程"。它的外部用乳白色大理石镶嵌，有 135 个塔楼，远远望去如同塔林一般。同时有一座著名的圣母玛利亚镀金塑像。在同类的欧洲教堂中，米兰教堂是典范，也是米兰的骄傲与象征。

16：30 会见米兰省长。米兰省长表示愿与陕西结为友好城市，并希望在现代绘画、电影回顾展（包括张艺谋在电影展时之来访）以及商贸活动等等，进行具体商谈。

晚上出席中国驻米兰总领事高存铭的宴请。

14 日早 8:30，恰尔拉先生因病返回罗马。他的夫人小华及另一位意大利女考古学家陪我们赴瑞士莱卡公司参观高精尖的测绘仪器，以备在意中考古项目达成协议时，接受莱卡公司的无偿赠送。因此，我们 6 人分乘莱卡公司三辆驻罗马三位代表的汽车，由米兰向苏黎世及莱卡公司所在之总部与工厂进发。14 日看过莱卡的工厂，在一环境优雅、古色古香的小镇夜宿。15 日早抵莱卡总部，看到一系列测绘仪器后，与公司副总裁会见。副总裁表示了愿意无偿资助的愿望，然后我们乘车抵达苏黎世。这是瑞士北部的名城，建于山川明媚的苏黎世湖畔。市中心有大河贯通，大河之上设置大型美观的停车场，真是善于利用空间。河中有 20 多种水鸟，鸳鸯、鸿雁、天鹅到处可见。不仅在这里，就是我们途经的卢劳干湖、卢切纳湖湖面，均有大群水鸟栖息，可见这里环境保护极好。一路上阳光灿烂，白雪皑皑，松柏常青，绿草如茵，阿尔卑斯山区真是美不胜收。汽车行驶在高速公路上，从不交纳费用，据说高福利国家都是如此。公路平坦如砥，毫无颠簸之感。这里的隧道特长，我们曾通过 17 公里、19 公里长的隧道，隧道内 50 米即有 SOS（呼救电话），有行人道、安全门、限速牌、里程碑，以及不间断明亮的灯光。足见瑞士是管理水平最高的国家名不虚传！18:50 通过瑞士海关，无需任何手续又进入了意大利境内。不久抵旅馆，整理行李，准备明日返回。

3 月 16 日

下午 2:00 乘飞机到罗马，7 时许改乘 CA940 航班，返回北京。

德国的文化魅力

离第八届第五次全国政协会议结束还有两天时间，我得到了去德国美茵兹罗马－日耳曼中央博物馆访问的签证，于是向大会请假，开始在京做赴德访问的最后准备工作。

1997 年 3 月 12 日，我们一行四人乘德国汉莎航空公司飞机，经过 10 小时的航行，安全抵达法兰克福。德方的安哥纳先生、考赫先生已在这里等候多时了。

这是我第三次到法兰克福了。坐落在莱茵河畔的法兰克福机场，人称是"通向世界的门户"。除伦敦的希思罗机场外，是欧洲第二大机场，由这里飞往 192 个城市，有 260 条航线，把法兰克福与全球紧密联系。机场占地 15 平方公里，许多指状登机舱舱道，可以同时停靠 36 架飞机，比北京机场大得多了。这样规模不是每个国际机场都能达到的。它是歌德和叔本华的故乡，但文化气息较德国其他城市要淡薄得多，满目是摩天大厦，银行区极为庞大，表明了德国不可阻遏的经济活力。

离开法兰克福机场，我们四人分乘安哥纳、考赫先生的两辆汽车，奔向目的地美茵兹。安哥纳先生在出口处弄错了方向，因此，我们向美茵兹反方向驰去，这一下真是应了"差之毫厘，失之千里"的古谚。安哥纳在高速公路上左拐右转才回到了赴美茵兹的高速公路上，但从这里也可让人体验到德国高速公路的发达了。

德国建现代化高速公路，大约已有 70 年历史。当然世界最早的"高速公路"还要推秦始皇修筑的直道，可惜两千多年并未不断提高，因此我国公路的现代化水平与国外还差距很大。德国第一条高速公路于 20 世纪 20 年代建成。1933 年希特勒上台后，为了战争需要，高速公路总长度很快增至 2000 公里。到了 80 年代初，联邦德国高速公路密度已居全球之冠，公路分乡镇级、州级和联邦级，可设平行车道二、三、四条。在法兰克福交通枢纽地，还设有三层、四层立体高架交叉道，车道盘旋，犹如腾空蛟龙彼此嬉戏。尤其令人赞赏的是德国高速公路路标清晰，沿路之城镇、加油站、餐馆、机场之所在方位及距离一目了然，真正达到优质服务。

经过 50 分钟，我们从莱茵河的右岸法兰克福，到达了左岸美茵兹。它是莱茵兰 - 法尔茨之首府，位于德国西南部。我们被安排住在该市古船博物馆的招待所。这个招待所属美茵兹罗马 - 日耳曼中央博物馆，专门招待来自世界各地的文物考古工作者。在我们逗留期间，这里还住有罗马尼亚、伊拉克、独联体等国的考古专家、学者。当日晚上，在美茵兹出名的"莲花"中国饭馆，德国著名考古学家魏德曼先生及他们馆的几位负责先生宴请了我们，并商定第二天正式会谈。

3 月 13 日上午，我们与德方就过去几年的合作交换了意见，双方共同肯定几年的合作成效，并在成果的出版、咸阳北周墓文物室内清理及修复、人员交流等方面初步达成共识。但在谈到建立计算机数据库时，出现分歧，整整一个上午过去了还拿不出统一意见。双方同意暂时休会，互相寻找共同可以接受的建议，然后在适当时间复会再继续谈判。

这天下午德方安排我们参观了美茵兹测绘学院。这里有由伯乐尔教授领导的一个小组，处理过去几年来德中专家共同测绘的唐桥陵、景陵、泰陵、光陵的各种数据，并绘制成各类线图。他们工作认真，图纸质量很高，管理科学，让我们很感动。特别是得知并看到他们由前苏联购到的蒲城几个唐陵的卫星照片，非常令人惊异，通过电脑数据库可将该处地形旋转

360 度，桥陵地区的地貌、地形从电脑中一览无遗。想不到前苏联为其军事目的服务拍摄的卫星照片，因其经济拮据而向世界各国出售，却给唐陵考古提供了意想不到的方便。这给我们对下一步工作思考注入了新的因素。

3 月 14 日上午，安哥纳及考赫先生陪同我们乘火车赴科隆、波恩参观。

德国仅有 35 万平方公里，人口约 8000 万人，却拥有 3000 万辆小汽车。因为是汽车的诞生地，号称汽车王国。最著名的两位汽车发明家，一位是卡尔·本茨，一位是利普·戴姆勒，他们两人在 1866 年分别在不同地区独立制造出汽车。但直到 1900 年戴姆勒去世，二人只见过一面。1926 年本茨 82 岁时，两位发明家的公司合并，就是闻名世界的戴姆勒-本茨公司，也就是我们熟知的生产"奔驰"轿车的汽车公司。德国同时还有驰名的比蒙瓦、大众、高尔夫和奥佩尔名牌汽车。虽然如此，德国火车并不像我在美国、法国等国见到那样受人冷落。我们有时从美茵兹去法兰克福在火车上竟然无坐位，而美茵兹到法兰克福几乎每半小时就有一列客车，可见乘火车人员之多。个中原因除了东西边境开放后，民主德国人大多乘火车旅游的原因外，主要还是德国火车准时、方便、舒适、安全。欧洲城际特快时速为 108 公里，部分高速路线时速为 200 公里，票价便宜。1985 年是德国铁路建成 150 周年，国家投资 58 亿马克，翻修车站、更换列车，制定系列乘车优惠措施，具有相当诱惑力，许多年长者不愿开车费神，纷纷弃汽车而登上火车。

乘火车赴波恩、科隆，是由美茵兹沿莱茵河向北行进，火车一直穿行在莱茵河谷之两岸。莱茵河发源于瑞士圣哥大，流经德国注入北海，全长 1320 公里。由美茵兹到科隆约 200 公里，是莱茵河最美的地段。河宽 50 多米，深在 7-10 米之间，河道蜿蜒曲折，清澈见底。瑞士、比利时、法国、荷兰等国船只不断行驶在莱茵河中。两岸峰顶古堡宫殿、纪念塔错错落落、斑斑驳驳、高高下下，连绵不断。主人们不断向我们介绍，使我们知道从卡尔大帝到弗兰肯帝国的许多历史，了解了日耳曼英雄骑士建立的气壮山河的业绩。同时也知道有的古堡为日本人买去，但不许改变旧貌。日本在美国、法国到处购置名胜景点，甚至在巴黎香榭丽舍大街购置大片房室，可见其经济实力之雄厚了。

耗子塔建于莱茵河心，最早是木塔。公元前 8 年罗马统帅德路威斯在此修建，1208 年改建成石塔，此塔是收取河上航运的关税塔。据说 10 世纪时，美茵兹主教哈托二世为人吝啬残忍，当百姓饥饿不堪时，他在塔内储藏大量粮食，百姓忍无可忍，将他禁锢塔内，任凭耗子咬食，从此关税塔改名耗子塔，今天成为莱茵河上信号塔。

主人们对我们详细介绍了莱茵河右岸闻名世界的"洛蕾莱"峰。峰高 132 米，陡峭岩壁，如仙女亭亭玉立于莱茵河上，河水下降时人们可以看见"七少女"暗礁。朝霞升起或夕阳西下时，奇特的岩石如同少女梳妆打扮，姿态妖媚迷人。昔日岩头上有位仙女极美，终日唱歌不绝，这里风景美丽，河道弯曲。船夫行船仰头听其歌声，人船触礁而沉。后来伯爵儿子在此溺死，伯爵派兵捉拿她。她呼唤莱茵母亲，河里白浪滚翻，她由岩顶跳入河中，从此玉陨音绝。德国诗圣海涅为"洛蕾莱"写了一首脍炙人口的抒情诗，由德国作曲家西尔歇谱成优美动听的歌曲，广为流传。

淦克超先生曾译海涅诗第一章云：

传闻旧低徊，我心何悒悒。

两峰隐夕阳，莱茵流不息。

峰际一美人，灿然金发明。

清歌时一曲，余音响入云。

凝听复凝望，舟子忘其所。

怪石耿中流，人与舟俱毁。

中午时节我们抵达科隆，一出车站即被科隆大教堂吸引住了，高175米的科隆教堂有两座哥特式的尖顶，像是人类祈祷伸出一双臂膀，它是科隆的象征。这座教堂1248年动工，1880年才竣工，比意大利米兰教堂修建时间长得多。教堂门墙伟丽，尖拱直棱，刻意繁密，令人惊叹，它共有5个殿堂，一个绕圣坛而建的带有3个偏堂的回廊。圣坛两侧排列有104个坐椅的席位，是德国中世纪最大的圣坛。圣坛上十字架也是欧洲大型雕塑中最古老最著名的珍品。我们参观了陈列室，各种建筑构件及法衣、用具，表明这是欧洲收藏丰富的教堂陈列室。在教堂广场右侧，至今还保留着罗马时代科隆城堡的遗迹。这是公元50年罗马人建的防御工事，该城堡直到中世纪还占重要地位。广场左侧低下之处还保存有罗马时代的街道。欧洲各国对文物古迹保护达到了很高水平。

从科隆乘返程火车仅20分钟就抵达波恩。波恩本来只是联邦德国的临时首都，柏林则是理想的统一后之德国首都。二战后，要建立联邦德国临时政治中心时，波恩和法兰克福竞相争取这份殊荣。由于这里是总理康拉德·阿登纳的故乡，自然赢得了胜利。早已听说波恩是富于田园情趣的城市。它是由许多村庄组成的，因此保存了许多村庄自然风光面貌，保持着莱茵河所特有的浪漫色彩。我们虽然没见羊倌赶着羊群，徜徉在波恩中心，但在市中心广场上却见过类似羊驼的一种动物。这里又是大音乐家贝多芬的故乡，广场上矗立着他的巨型铜像。在铜像前及波恩议会楼梯上我们都一一照相留念。通过广场又来到了著名的莱茵·弗里德里希－威廉斯大学，这里绿草如茵，充满了安闲与舒适的魅力。走进草场时，竟在草地之中拣到不少马克硬币，同行的考赫先生说这可能是感恩节时人们撒下的。

　　3月15日，考赫先生驾车将我们四人载向向往已久的特利尔市卡尔·马克思故居纪念馆，这里距美茵兹90公里。早上9时就抵达这座德国西部边境城市。马克思纪念馆建立在特利尔市吕肯大街10号，它是一座典型的巴洛克式建筑，1818年5月5日卡尔·马克思诞生在这里。马克思于1883年3月14日，在伦敦逝世。为纪念马克思逝世100周年，经过一年整修，1983年3月重新开放。据说这次开放是与德意志联邦共和国总理赫尔穆特·施密特支持分不开的。一位资产阶级国家总理支持马克思主义创始人的纪念馆开办，说明了马克思伟大人格的感召力量。这个展览馆充分展示了马克思的生平、事迹及其对世界历史的贡献。同时也包含着介绍恩格斯生平事迹的内容。在这里我们还看到华国锋1979年访问博物馆时的巨幅照片及所赠送的绘有马克思肖像的大瓷盘。这座纪念馆1904年被特利尔市一位社会民主党人确认为马克思诞生地。1928年德国社会民主党用近10万金马克才从私人手中买下了这座房子及地产。1930年到1931年该党又花费20多万帝国马克按照18和19世纪建筑形式进行了改建。1931年5月5日原计划开放展馆，因形势恶化而推迟。希特勒上台后，直到1945年，均为纳粹占领和没收。二战后，德国社会民主党重新收回了这座房子的所有权。来这里参观的人们络绎不绝。在厚厚的留言簿上，有不少中国客人的留言，也有对前人留言的批判及讽刺，表露了不同的世界观、人生观、价值观。

　　结束特利尔马克思故居参观后，考赫在返回美茵兹途中，有意避开了高速公路而驶入摩泽尔河谷。摩泽尔河是莱茵河的主要支流之一，是德国最有名的葡萄酒产地，我们所经之处正是驰名的葡萄酒道。大道两旁是一眼望不尽的葡萄园，幢幢带有庭院的农舍，流露着中古时代的魅力，三弯九转的山道极尽曲折，路边时时有苍翠的松柏森林，郁郁葱葱，空气清澈新鲜，从山顶望去峰回路转，蜿蜒起伏，风景如画，令人目不暇接，兴味盎然。德国这么一块小国土，然而森林、湖泊和草地交相辉映，斑斓多姿。农用地仅占全国土地面积一半，而森林覆盖国土三分之一，真是非常美丽的国家。

3月16日安哥纳驾车载我们一早就抵达古老的海德堡。远远就看见一座红沙石的古堡，这是海德堡人的骄傲。古堡是多次建成，其中一部分还毁于历史上法德战争。如今剩下最古老的部分是1398－1410年由公侯罗普雷希特里三世所建，整个建筑矗立在山顶上，显得非常雄伟。古堡内保存着两只大酒桶，是纳酒税用的。最大一只桶长9米、高8米，容量为221726升，我们登上桶顶，如同上了三层楼房，顺手拉响了开桶取酒的拉铃，悦耳的铃声仿佛将我们又带回中世纪时代。海德堡老城只有一条大街，在不到一里的街市上，全部是巴洛克式建筑，其中以1592年建造的骑士楼最美。它是文艺复兴时期的典型建筑，有极高的艺术价值。在一座高楼的阳台上，放置着一个自动吹肥皂泡的小玩具，高高的天空中不时飞来五颜六色的肥皂泡，令人沉浸在一个少有的幻觉之中。

内卡河流经海德堡，它是莱茵河又一条主要支流。河上古桥是18世纪建造的，桥头巴洛克式门塔及雕像特别引人注目。海德堡是一座大学城，这所大学是1386年由罗普雷希特里希三世所建，已有600年历史了。这里大学教授上课，市民可以旁听。大学区里有一条著名的"哲学家小道"，据说德国许多有名的思辨家都曾在这条道上散步并思考。安哥纳先生特意让我们弃车步行在小道之上，领略了一下昔日哲人们的生活，后来几天谈判中我们开玩笑地说，是在哲学家小道上寻出了解决矛盾的办法。

在海德堡大饱眼福后，安哥纳先生驶往他的家乡。他居住在距美茵兹40分钟路程的小镇上。安哥纳的庭院小巧玲珑，三层小阁楼在花园中间，满园的岳母花及桃花均已怒放。安哥纳的夫人大学毕业后与他结婚，即过着相夫教子生活，谈吐不凡，精通英语。她曾来过中国，对苏杭美景赞口不绝，而且拿出在波罗的海沿岸国家购置的琥珀类手工艺饰让我们参观。接着夫人与先生每人驾车一辆，陪同我们去参观当地的修道院、水上古堡以及高高耸立在尼德林山下的战争纪念碑，碑体高35.5米，规模壮阔，全部为铜铸，是为纪念 1870－1871 年战争后德国统一而建的。几天的漫游中，我们在不断磋商的同时，每天抽空参观美茵兹的名胜景点。

美茵兹是一座很美的城市，坐落在莱茵河左岸，隔河与法兰克福相望。它的历史很早，在郊区曾发现与半坡时代相当的遗址。这里是德国人引以为骄傲的印刷术发明者的故乡，我们曾去美茵兹大教堂旁边的印刷博物馆。那里陈列了从 15 世纪到现代一系列印刷机器，直观的展示了印刷术的发展史。各类书籍陈列中，让人留下深刻印象的是由小到大拇指盖的圣经，直到对开的大型书籍，由平面书到立体书。在介绍中国印刷术时，展出了陕西凤翔南肖里民间工艺研究会复制的唐咸通九年（公元 868 年）四月十五日《金刚般若经·佛说法图》，感到格外亲切。在展室醒目的位置，还悬挂有梵文"唵"字的印刷条幅。条幅有唐太宗李世民赞序，文曰：义静三藏于西天取得此梵书唵字，所在之处一切鬼神见闻无不惊怖。太宗诗赞曰：

鹤立蛇行势未休，五尺文字鬼神愁。

儒门弟子无人识，穿耳胡僧笑点头。

这些诗画未必是李世民作的，但德国人在介绍本国印刷时，对中国在印刷术上的贡献，表示了极大的钦佩。

我们在美茵兹时，正是欧洲人复活节的前夕，街道橱窗内到处可见巧克力做的鸡蛋，或各种质地的兔子。为什么在复活节要给人送鸡蛋与兔子作礼物，询问了许多德国朋友都未得到

十七 陪同泰国僧王参观陕西历史博物馆

十八 意大利庞培城遗址／张彤摄

十九　庞培城内的古罗马剧场

二十　意大利罗马斗兽场

二十一　意大利威尼斯圣母玛丽亚教堂／张彤摄

二十二　罗马卡拉卡拉浴场

二十三 威尼斯街景／张彤摄

二十四 威尼斯圣马尔可广场／张彤摄

二十五　德国特利尔市卡尔·马
　　　　克思故居纪念馆

二十六　德国美茵兹市内的雕像

二十七　在德国博物馆参观

二十八　在奥地利维也纳国立博物馆广场上

二十九　希腊埃皮达夫罗斯圆形阶梯露天剧场（建于公元前4世纪）

三十　希腊迈锡尼古城的狮子门

三十一 埃及阿蒙神庙门前的斯芬克斯大道

三十二 埃及卢克索阿蒙神庙内刻楔形文字的石墙

满意回答。后来到美茵兹附近一座小镇的镇长家作客,镇长的女儿是当地镇议会议员。她回答说:送鸡蛋,是象征生命;送兔子,象征繁衍,人们希望基督仍然有生命力,并且像兔子一样繁衍旺盛。她与丈夫以及镇长,陪同我们到该镇著名的酒店夜宵,在品尝当地酿造的葡萄酒同时,也请我们吃餐桌上的各种彩蛋,这夜是我们在美茵兹的最后一个晚上,过得非常温馨。

在美茵兹火车站附近,有一组巨大铜像,塑有各式各样人物。当地人告诉我们这是狂欢节塑像。狂欢节是德国人一年四季盼望的节日,在复活节前第六周的星期日、星期一、星期二这三天,是德国狂欢节高潮。在法国大革命的军队占领德国(1794—1814)后不久,狂欢节出现了鼎盛时期。当时的狂欢节实际上是平民反抗军事压迫的出气机会,在狂欢节上主要是丑化士兵。今日不再有当日的涵义了,现在主要是大型化装舞会。美茵兹狂欢节是仅次于圣诞节的重要节日,并向欧洲许多国家电视实况转播。1983年美茵兹游行队伍长达7公里,完全可以上吉尼斯大全了。

美茵兹罗马-日耳曼中央博物馆馆长魏德曼先生向柏林的德国主管援外项目的研究部作了汇报,我们也向国内做了请示。双方在继续帮助中方修复文物、出版各种考古报告、测绘陵墓、培养中方技术人员,尤其是建立计算机数据库等项目上均达成共识。德方将投入25万马克以上资金,完成上述各项工程,而电脑数据库将是当前用于文物保护与考古研究最现代化的设施。在签字仪式上,我通过幻灯,又做了陕北神木大保当汉墓画像石的发掘讲演,引起了德国研技部长杜尔等先生的极大兴趣,从巴伐利亚赶来参加会议的艾默林先生当即表示,这批彩色画像石和色彩保护工作,巴伐利亚文物局将予以承担。在非常融洽欢乐的气氛中,我们双方签字握手,为这次德国访问画上了圆满句号。

东方明珠香港的考古

在香港刚刚回归祖国的喜庆日子里，1997 年 7 月 4 日香港特区政府古物古迹办事处致函陕西考古研究所，邀请我带领具有丰富考古实践、有着副研助研职称的精兵强将组成考古调查队，在港开展 4－5 个月的考古活动，对香港新界沙田区、西贡北区进行调查试掘工作。调查队除对已知的遗址重新确定其遗迹及地层外，主要任务是发现新遗址，并对所有遗址潜在的考古价值作出评价，为今后发展计划提出参考意见及建议。因此，考古队员将对所负责区域的所有河口、沙洲及毗邻山坡、岬角、近海地段及任何适宜耕种并有可靠水源的地方，进行详细勘察，预计任务相当繁重与艰苦。

收到邀请函后，原拟 1997 年 10 月到 1998 年 2 月完成调查任务，但香港回归后，对赴港人员手续办理要求极严，直到 1998 年 2 月 10 日才得到赴港签证，于是，我与王占奎、姜捷、延斌、孙铁山五人，2 月 10 日中午飞抵香港。一级助理馆长马文光先生及二级助理馆长李浪林先生在机场迎候，并立即驱车送我们到新界马鞍山锦英苑，住入锦佳阁寓内。这是古迹办为便于在沙田—西贡区工作，就近找到的公寓，二室一厅，总面积在 90 平方米，有卫生间及厨房，在香港已是难能可贵的大面积住房了。

从第二天开始，我们先在香港汇丰银行办理户头，然后分别到香港博物馆、有关遗址以及沙田西贡区了解香港考古成就及现存的各类文物遗存，增加对这个区域文物的感性认识。通过向各位专家的请教，尤其在香港中央考古收藏室的参观以及与招绍瓒先生主政的古物古迹办事处的频繁接触，我深感过去对香港文物考古界了解太少了。在招主任为我饯行的晚宴上，我说："香港比我想像的要大得多，文物比我想像的多得多，历史比我知道的久得多，香港的文物考古是有立法、有机构、有队伍、有成果的。"这可以说是我此行对香港文物考古界的总认识。

香港有关文物考古管理行政机构主要是古物古迹办，业务上还有香港博物馆、香港人类学会、香港考古学会、皇家亚洲学会香港分会、香港艺术馆、区域市政总署博物馆事务组、香港大学考古队等。中央考古收藏室是香港博物馆数个主要的文物收藏库之一，收藏了历年从本地考古发掘、田野采集及水下调查研究所获得的文物。1997年香港政府根据古物古迹条例成立中央收藏室，并委托香港博物馆为收藏的正式管理机构。

中央考古收藏室成立目的是登记保存本地发现的考古文物，包括史前及历史时期的文物，从六千年前新石器时代的石制工具到近代的瓷器都是收藏的范围。收藏室的首要任务是建立完善庋藏制度及稳定的贮藏环境。整理及庋藏文物是极其重要的，因为可作为展览、教学及科学研究的用途，更重要的就是藉以了解前人制作物品的技术及生活概况。

建立文物的庋藏制度包括填写文物记录卡。经过特别设计，蕴涵下列内容：遗物发现的地点和环境、名称、来源、年代、数目、大小、保存情况、评价和描述、照相、绘图、参考资料及备注，各项目的填写要求完整、准确和真实。编好的卡片都放置在收藏室以供方便快捷的检索。经过整理编排的文物可以随时取出作不同的用途。

控制收藏室内的气候环境对保存文物极为重要。金属物件如青铜器、铁器对不稳定的温度极为敏感，需要特别的存放环境。收藏室除了装置了空调及抽湿设备外，室内并放有测量温度及湿度的电子仪器，24 小时测录室内的温度湿度变化。低温及低湿有助抑制粘附在文物上的微生物的生长，延缓了文物受破坏的速度。此外，为防止文物接触空气中的氧、酸而产生生物及化学变化，文物都采用无酸性纸包垫，然后放到密封的柜子里，当中堆放了防潮珠，发挥吸湿防霉的功用。需要特别处理的文物会送到博物馆修复组。

自中央考古收藏室于 1997 年后成立以来，香港的考古活动日益频繁，收藏室的古物藏量亦由最初的 7 万件增至现时的 70 万件。如果香港考古学会把从赤鱲角抢救到的文物全部移交到收藏室，古物的总藏量将超过 100 万件。

香港的考古研究工作可以说是在 20 世纪 20 年代开始的，在大部分位于离岛的沿岸地区先后发现了不少蕴藏古代文物和人类活动遗迹的考古遗址。这些重要发现，证明香港历史可远溯至六千年前。

香港早期的考古勘察工作，主要都是由一些热心的业余人士进行，例如韩义理医生（1877－1970）、萧思雅（1885－1958）、芬戴礼神父（1886－1936），戈斐侣（1883－1968）及陈公哲（1890－）等。及至 50 年代中叶，随着香港大学考古队（即香港考古学会之前身）的成立，有组织的考古工作才正式在香港展开。香港政府于 70 年代积极参与推行文物保护，而自 1976 年起实施古物古迹条例以保护香港文物的精粹。根据该法例，一切考古发掘事前均要申请执照，批准后方可进行，否则即属违法。政府于 1983 年至 1985 年委任顾问进行考古调查工作，藉以评定本港已知考古遗址的价值，同时调查及记录新发现的遗址。政府亦邀请更多受过专业训练的考古工作者，积极进行保存及抢救考古遗址的工作，例如主持龙鼓滩（1989 至 1990）及竹篙湾（1990）的抢救发掘，前者是政府与香港中文大学中国文化研究所联合主持。此外，政府亦不时邀请本地的学术团体提供协助，进行大型的考古发掘，例如委聘香港考古学会进行 1990 年的龙鼓上滩抢救发掘。香港回归后古物古迹办先后延聘中国社科院考古研究所、陕西省考古研究所、湖南省文物考古研究所、中山大学等内地科研及大学的专家，协助考古普查及考古发掘工作，弥补了当地考古专业人才的缺乏，同时也使香港考古文物界更趋繁荣。

香港从六千年前的新石器时代开始，就发现了许多重要的遗址。考古资料显示，早于公元前 4000 年，已有先民在香港活动。目前发现的新石器中期（公元前 4000－前 2500 年）的遗址有春坎湾、大湾、深湾、芦须城、蟹地湾、大浪湾、东湾、虎地湾、过路湾、深湾村、铜鼓洲、龙鼓滩、勇浪等，大部分遗址均在沿岸地区、海湾内之沙堤上。这种沿岸聚居的生活模式，说明了香港最早期居民主要以海洋为生。从遗留下陶质的炊煮器与盛食器，以及砍砸、刮削、尖状器与环玦等装饰物看，当时先民过着简单的渔猎生活。

新石器晚期遗址有勇浪、沙螺湾岬角，龙鼓上滩、龙鼓滩、扒头鼓、沙柳塘湾，东湾仔等地。此时先民的活动范围，不再局限海湾的沙堤，已扩展到山岗与岬之上，陶器中新出现几何纹陶器，是华南地区的典型器物。石器经过琢磨，种类较多，工艺较佳，许多石饰物制作相当精巧。尤其出现石钺和戈等礼器，推测当时社会组织较前复杂了。值得一提的是，陕西省考古研究所曾参与发掘的大屿山扒头鼓遗址中，发现了柱洞与房子遗迹，推断当时先民居住在干栏式的房子中。

青铜时代（公元前 1500 年－前 221 年）遗址，在南丫岛、大屿山、长洲、屯门等地均有发现。遗址中出土少量的斧、矛、剑、戈、钩和篾刀，也发现了一些铜渣和石范，说明当时先民已掌握了青铜铸造技术。大型硬陶上拍印精美的几何图案如龙纹、云雷纹、菱格纹等，更有青釉陶器出现，抛光的石英环更有整套出土。据史书记载，当时南方是百越族人聚居的地方，香港青铜文化，可能是古越人的遗存。

公元前 221 年至前 220 年，香港行属于秦的南海郡。当时南海郡辖四县，郡治在番禺，管辖范围包括今香港，从此，香港受历代王朝管治。公元前 206 年，秦朝覆亡。南海郡尉赵佗乘机派兵吞并桂林和象郡，于前 204 年建立南越国，自称南越武王，国都番禺，香港自然受南越国统治，直到汉武帝元鼎六年（前 111 年），才被汉朝所灭，香港仍属南海郡番禺县管治。香港至今未发现秦代遗物，在大屿山白芒曾发现南越国遗存。1955 年开山兴建李郑屋屯时，无意中发现了东汉砖墓、墓砖上有"大吉番禺""番禺大治"等陶文，证实当时香港属番禺县范围。

魏晋六朝（公元 222－581 年）时期，香港属东吴南海郡。东晋成帝咸和六年（公元 331 年），把南海郡东南部划出，设东官郡，下属宝安等六县，于是，香港改属宝安县。至南朝梁武帝（公元 502－548 年）时，改东官郡为东莞郡，宝安县仍属东莞管辖。

从东吴至东晋 200 年间，北方混乱，南方稳定，但香港境内仅在大屿山白艺发现晋代遗址。南朝君主多崇尚佛法。相传宋文帝元嘉（公元 424－453 年）年间，印度杯渡禅师曾到屯门，后人在屯门山腰曾建杯渡庵，宋代改名为青山禅院。南朝遗址曾在大屿山之贝澳、沙咀头、南丫岛之深湾、沙埔村发现。

隋唐时代，在香港境内的南丫岛深湾、赤鱲角、虎地湾、东涌沙咀头均曾发现隋代的青釉六系罐。唐代广州是南方最大的商港，来自南洋诸国及阿拉伯的商人，在广州的"蕃坊"聚居，朝廷亦在广州设"市舶司"管理海外贸易。公元 736 年朝廷在香港屯门设军镇，驻军二千，以保护海上贸易，香港属东莞县。唐代遗址在屯门的小榄、石角咀、赤鱲角、深湾村、虎地湾、大屿山沙咀头、狗蚤湾、东湾、二浪、马湾东湾仔、南丫岛沙埔村、芦须城、长洲大鬼湾、港岛春坎湾、西贡沙下和铜鼓洲等处发现，除唐代遗物外，还有陶窑遗迹。

北宋末年，中土一些士族迁入香港。南宋末，元军大举入侵，兵陷临安，益王及广王曾逃至九龙城海滨以避元军，至今龙城宋王台公园内还有清嘉庆丁卯重修"宋王台"卧碑一通。公元1278年，宋端宗赵昰崩，宋卫王赵昺即位。翌年元军袭崖山，宋军大败，陆秀夫负宋卫王赵昺投海殉国。所以，宋代墓葬、钱币、窖藏、瓷片在香港均有所发现。元朝香港仍属广州府东莞县管辖，因历朝盛产珍珠及盐，故元朝在屯门设巡检司管理民政。在赤鱲角虾螺湾曾发现元代炼铁作坊12座窑炉。

明代万历元年（公元1573年）从东莞县划出南部地区，成立新安县，香港改隶新安县。本地区经济以官办的海盐、采珠、培植香树为主，明代中叶大埔开始烧制青花瓷器，明初郑和曾率庞大舰队七下西洋，促进了南海贸易。欧洲各国亦开始东拓。最早是葡萄牙人，于正德九年（公元1514年）抵达屯门，占据该区。公元1521年爆发中葡战争，葡人败走，转而经营澳门。在大屿山竹篙湾曾大量出土景德镇外销青花瓷片，以及泰国陶瓷片，西贡遗址也出土过印度器物、琉璃珠，香港可能是当时海上贸易转运站。

清初香港仍属新安县。康熙元年（公元1662年）因沿海居民接济郑成功，下令迁海，强迫沿海居民全部内迁50里，家园失尽。康熙八年允许陆续迁回，惟人口比迁界前锐减，原有的采珠、煮盐、香树业一蹶不振，但大埔制瓷业十分兴旺，是香港工业重镇。

这里我特别要对香港古物古迹办事处予以介绍。香港政府于1976年实施古物古迹条例后，为确保条例执行，成立了古物古迹办事处。古物古迹办事处原属文康广播局，现即将划归民政局，负责在政策上及行政上保存与保护香港具有历史考古价值的遗存。古物古迹办事处的专业人员共分三组，分别负责考古、历史建筑、教育宣传方面工作。办事处还向古物咨询委员会提供秘书服务和行政上之支持。

办事处考古组有 5 位专业人员，为首的是办事处首长执行秘书招绍瓒，另 4 位是邹兴华馆长、一级助理馆长马文光、一级助理馆长孙德荣、二级助理馆长李浪林。他们肩负保护全港考古遗址的重责，审阅和评估全港各大小发展工程和计划对考古遗址的影响，监督和记录出土文物，进行抢救发掘，编写报告，出版专刊，举办展览、讲座等。最近办事处有两项重要任务，一是主持第二次全港考古遗址调查，除本地考古人员外，还邀请外国和内地考古队来港参加调查工作；另一项是在马湾岛上的东湾仔北遗址进行大型考古发掘。该遗址是典型的沙堤遗址，1993 年由白德博士调查发现。因新世界鸿基地产有限公司在此兴建大型房地产而进行抢救性发掘，所需经费全部由发展商提供。经过几个月发掘，揭露面积达 1600 平方米，发现了新石器中期、晚期、青铜器时代早期、汉代、清代等时代遗存。最重要收获是 20 座新石器时代晚期至青铜时代早期的墓葬，其中 7 座还保存完整的人骨架，有仰身直肢与二次葬，随葬品有陶器、石环、石玦、贝饰、骨饰。完整的新石器骨架出土，在香港考古史上十分罕见，对研究先民的体形、体质和生活习惯，提供了宝贵的实物资料。这次发掘已获得 1997 年中国十大考古发现的殊荣。

香港在 1976 年还依法成立了古物咨询委员会，即内地的文管会。在文康广播局副局长华陈真妮主持的宴会上，我曾与近 30 位委员见面，从而结识了龙炳颐主席、杨子刚太平绅士、黄山、华德斯先生、罗美娜女士等委员。根据古物古迹条例，委员会有责任就任何与考古及古迹有关事项向古物事务监督（文康广播局局长）提供意见，各委员以丰富的专业知识，支持并指导古物古迹办的工作。并通过委员会审议法定古迹名单，亦即内地的重点文物保护单位。

香港对文物保护极重视。1997 年为纪念古物及古迹条例实施 20 周年，古物古迹办及古物咨询委员会等单位，联合主办"1997 文物年"活动，提出了"香港文物六千年，齐心保护迈向前"的明确口号，并组织了生动活泼的各类活动，如新春花车巡游，在大年初一于九龙尖沙咀梳士巴利道举行，并挥舞 150 米长的金龙助兴，揭开了文物年序幕。2 月 21 日特首董建华亲自参加了在中环遮打花园举行的文物年开幕典礼；3 月 9 日在粉岭龙跃头举行文物日，通过参观古迹、乡村文物展、盆景、粤剧及舞龙表演等，让市民领略乡村传统特色；同时举办"香港文物教育工作"等几个大型展览；组织"中西区文物径步行"，参观沿线文物并步行筹款；还为欣赏本地历史，组织古迹导赏团，开办一系列以香港历史及考古遗址为主的讲座；引导公众尤其青年学生参加九龙油麻地考古工作坊；举办小型音乐会以及文物教育工作国际会议。他们还发行印有香港历史古迹及文物年标语和标志的纪念封，并以 1997 年 6 月 30 日的特别邮戳盖销，另外在 1997 年 11 月 10 日至 22 日期间，本港及国际邮件均盖上刻有文物年标语的邮戳。

古典神韵下的希腊、埃及、西班牙

1997 年 7 月 23 日

中国国际文化交流代表团从 1997 年 7 月 24 日至 8 月 11 日，对希腊、埃及、西班牙等国家进行了访问。主要目的是了解他们古代文明、文物立法、管理机构、资金来源、文物保护、考古发掘等情况。

我们从西安抵京后，中国国际文化交流中心的负责人于恩光部长在假狮子胡同招待所宴请团长徐山林一行。这个招待所在明代为吴三桂之妾陈圆圆住宅，清朝为某王府，民国初为外长顾维钧住宅。孙中山以临时大总统身份来京和谈，于 1925 年 3 月 23 日不幸病逝于此。至今这里还有孙中山先生卧室、病榻及国民党纪念中山先生病逝于此的刻石。据说民革中央每年还来此凭吊。日统时期这里为侵华日军司令部的一部分。至今冈村宁次的住房仍在，只是濒于倒塌了。以后即为励志社占用，解放后收为公产。宴会后，主人陪同我们参观了各处遗址，并做了详尽介绍。

7 月 24 日－25 日

12 时到达北京机场，14：15 乘飞机取道苏黎世，转机后于当地时间 23：00 抵雅典，住进专门接待东方航空公司机乘人员的一间大宾馆。翌日，由我国驻希腊使馆研究室主任谢敏、一秘尹亚利陪同，沿着萨罗尼克湾东南方向前进，到达科林斯观看了沟通爱琴海与爱奥尼亚海之运河。这条运河是在公元 67 年罗马皇帝尼禄下令挖掘的，但因尼禄去世，工程下马，停滞了 1800 多年，希腊独立后，1882 年继续挖掘运河的计划又被提到议事日程上。经过 11 个年头，1893 年正式竣工通航。运河全长 6343 米，水面宽 24.6 米，水深 8 米。站在跨越运河的铁桥上面，运河两岸均为高达百仞的石灰石壁，如同峡谷一般，可见工程浩大。运河能使船只不再绕行基西拉海峡，节省了 7 个小时的路程。虽然每次需交 1 万美元，但每年仍有 9000 艘船由运河通过。

离开运河，我们驱车直奔距雅典 156 公里的埃皮达夫罗斯。沿途看到旱情严重，而庄稼茂盛。仔细观察才知道希腊农田普遍实行管道滴溉，即将少量的水通过农田里铺设的管道，直接送到作物根部。所以，在石灰岩基之上虽然有少量的覆盖土，但农作物还是长势良好。据使馆同志说希腊电台不断向市民报告水库水量日益减少的情况，提醒市民节约用水。雅典街头的电子温度计，经常显示出已达 40 度之高温。干旱、炎热是世界性的问题。

埃皮达夫罗斯是多立克人建立的城邦国。传说太阳神阿波罗之子、医神阿斯克里波斯诞生在此。所以公元前 5 世纪相当我国战国时代这里就修建了著名的医神庙，来自远近的患者露宿神庙周围，睡眠中接受医神的治疗。这一带泉水能治病，草药品种丰富，发掘出来的石碑上刻着密密麻麻的药方。这里古建筑是在公元 552 年地震中被毁，直到 1881 年才发掘出来。目前这里建了一座博物馆。联合国专家在这里工作十多年，1988 年还将这里医神庙等古建筑列入联合国教科文世界文化遗产目录中，并在这里立碑纪念。在参观博物馆时看到了刀、镊子等外科医疗器具，以及类似周秦时代的尖底瓮，我又一次感到中国与希腊在很早时期应有交往。比如都使用相似的草药治病；都使用惊人相似的板瓦、筒瓦、瓦当；在希腊文中，有类似中文的"三"、"王"字等，无一不传递着远古时中国与希腊可能曾经交往的信息。

　　在埃皮达夫罗斯东南角的山坡上，坐落着一座能容纳14000人的圆形阶梯露天剧场。它建于公元前4世纪，是古希腊著名的建筑师阿特果斯和雕刻家波利克里道斯的杰作。剧场全部用大理石砌成。它依山造凿，结构奇特，布局合理，十分美观，其音响效果和设计技术极为高超。如果在舞台中心划一根火柴，那微弱的声音能清楚的传到最后面的也是最高层的第34排座位上。希腊戏剧公元前7世纪就出现了。主人翁多穿黑、白袍，主要是对话辩论形式，一方代表正义，一方代表非正义的，闹得不可开交的时候，神就出现了。这些悲剧或喜剧，没有流血，没有惊险动作，由神的声音发出评论。剧情肃穆，语言简单而深刻。从1954年起，希腊国家剧院每年夏季从7月初至8月中旬在这里举行古剧会演。著名的古代悲剧《俄迪浦斯王》、《阿伽门农》等多次上演，为继承和发扬古剧传统艺术起了重要作用。

　　我们一行专程访问了雅典东南的纳夫普利昂市。市长哈拉吉斯先生、副市长、市政委员会主席等几位领导人，热情接待了代表团，并说已通过电视向市民报导了来访消息。一些曾访问过西安、中国的市民，立即送来兵马俑模型、中国风筝，市长将它们放置在接待我们的客厅内，表示了广大市民对我们的欢迎。

　　市长哈拉吉斯先生说：希腊文明是西方文明基础，中国文明是东方文明的基础，我们非常高兴与兵马俑的家乡结成友好城市。世界上最古老的两个国家结成友好城市、友好国家，具有深刻意义。市长要求直接签订友好城市协议，并在协议书中提出在经济、文化、市政建设等方面开展合作的意见。徐山林团长感谢了市长的盛情厚意，转交了咸阳高崇德市长给哈拉吉斯市长的一封信，并请市长在方便时候访问陕西。同时建议先草签意向书，俟我中央政府批准后，再订具体的合作协议。哈拉吉斯市长完全同意徐团长建议，于是在热烈的气氛中，签订了意向书。

纳夫普利昂市面临爱琴海，风景宜人，是希腊夏季度假胜地。在古希腊的神话里，纳夫普利昂是海神波塞冬的儿子。附近多山泉，据说可以使妇女恢复少女的童贞。纳市早在公元前700年就已出现，但先后曾由拜占庭、高卢人、阿尔哥斯人、威尼斯人以及奥斯曼土耳其帝国所统治。城内有着各种特色的建筑，反映了纳市先后遭到外族占领的历史。1823年希腊摆脱了土耳其统治独立时，纳市是希腊王国第一个首都，同时拥有近代第一所学校、第一个议会厅。在议会大厅里，徐山林团长详细询问了市长与市政委员会关系、市政会是否有立法权、执政党与其他政党关系等问题。我们还参观了在大厅内悬挂的从1835年开始，被市民选举的历届市长的肖像。这里也是市民们举行民俗婚仪的场所，这些都显示了希腊传统民主的影响。然后主人陪同我们在纳市最古老的享有盛名的山顶饭店共进午餐。

午饭后，我们向著名的迈锡尼进发。迈锡尼位于伯罗奔尼撒半岛东南部，距雅典仅90公里。这里有一个充满神话布满岩石的山丘。爱琴海的文明正是在这里于120年前被发现。1870年前一般都认为希腊的历史在约始于公元前776年第一次奥运会，但考古学的探索，已经把希腊的历史追溯到公元前3000年，这主要归功于海因里希·施里曼和亚瑟·伊文思两位考古学家。施里曼总是梦想发现特洛伊，以证明荷马史诗有着可靠的历史基础。但他从未受过正规教育，全靠自学积累。伊文思生在美国，受过高等教育，还负笈德国深造。施里曼的渊博学识与经验，在他的考古生涯里起了很重要作用。他们揭示了米诺斯－迈锡尼世界的全新面貌，提高了希腊民族、希腊国家起源的全新面貌，在考古界是享有盛名的。而如同中外的许多著名考古学家一样，施里曼还不断为被误会被诬陷而斗争，但他的考古成就使人们对那些微不足道的异议及诽谤漠然视之了。因此，我更急切地想看到施里曼夫妇发掘的迈锡尼古城。1867年德国考古学家施里曼，结束了著名的特洛伊遗址考古发掘后，出于对荷马史诗中的神话传说的坚信不移，在迈锡尼进行了发掘。迈锡尼四周有城墙，传说是从亚洲来的独眼巨人修建的。他与妻子索菲娅挖通了被沉重石头堵得严严实实的狮子门（门楣之上因有两头巨狮而命名）。在进入狮子门40多米之处，离独眼巨人围墙不远的地方，他掘到一道直径100多米的环形沟。施里曼原以为是集会场所，但他在这里找到了5座墓，共葬有19个男女，其中还有2个小孩。这些尸体完全被黄金饰物所覆盖。男人脸上罩着金面具，胸部覆盖金片，妇人戴着金额饰与豪华金冠，两个小孩被金叶包裹着，尸体旁有金杯、银环、金匣、贵重的别针。金片上有蜜蜂、乌贼、玫瑰、螺纹等图案，其中金器竟达14公斤，证实了荷马关于"遍地黄金的迈锡尼"的说法。这的确是一次从未有的最丰富的考古发现。这些墓葬时代大约在公元前1550年前后，而正是这个时期产生了线形文字B。由于在皮洛斯城址的王宫西南角档案库中，发现了1200块线形文字B泥板文书，使得这一迈锡尼文字释读成功。从而，知道了迈锡尼有发达的商贸，崇奉万神之父宙斯、海神波塞冬、天后赫拉、战神雅典娜和太阳神阿波罗。但大型神像雕刻极少。迈锡尼在公元前3000－前2800年已有居民，前16世纪最强盛。在这座石城外面，有王后克利泰墨斯特拉及其情夫埃季斯托斯的圆顶墓。王后勾结其情夫，在欢迎从特洛伊战争中取得胜利归来的国王及将士的宴会上，暗杀了阿伽门农国王。王子奥瑞蒂为父报仇，杀死了王后，从迈锡尼出走。从此该国陷于内战，公元前12世纪城堡遭到焚毁。

7月 26 日

上午我们驱车到著名的完全以乳白色大理石砌成的奥林匹克运动场。该体育场的历史可追溯到公元前 300 年。当时正值雅典著名演说家利库特罗斯掌管公共事务部门，他建造了这座体育场，并将其命名为"全雅典体育场"。不久，一位叫伊罗蒂斯的社会名流捐资为体育场修建了一个漂亮的入口，并将观众席铺上大理石。两千年的风雨浸蚀，体育场风化成了一堆废墟。约在 17 世纪末，雅典的扎巴和阿维诺先生慷慨解囊，在原址上重建了人们现在看见的这座体育场。如今，在体育场的入口处立有这两位资助者的塑像。这里为迎接 8 月初即将召开的世界田径锦标赛正忙碌准备着。奥运会场原大门已毁，现在正在修建有各种竞技浮雕的大门，引发了希腊民众对是否应修这座大门的热烈争论。我们绕过堆砌满地的建材，进入运动场中，深感场地并不如想像中那样宽敞，但对以大理石建造的带有浮雕画的大门还是认为修建比不修建要好。

此后，我们还到达希腊与波斯交战的阿提卡，参观了马拉松战后阵亡的将士墓。墓似汉冢，周围以大理石铺砌，陵园内种植橄榄树及松树。墓侧树立着披甲执矛的希腊战士肖像碑。陵园不远处为当日跑向雅典报信的起跑线，我们在此照相留念。由这里划有一道长 42 公里又 195 米的蓝线，标示着公元前 490 年希腊战士的历史足迹，也是今日马拉松赛跑遵循的长跑路线。

距运动场不远市中心的山丘上就是雅典卫城。卫城始建于公元前 8 世纪，它是保卫城市的要塞，也是祭天供神的圣地。现存卫城遗址主要是公元前 5 世纪至 2 世纪建造的。公元前480 年波斯军一度占领雅典，卫城惨遭破坏。希腊人打退波斯之后，雅典倾全力重建卫城，使之成为希腊古典建筑之伟大杰作。卫城东西长约 300 米。在伯里克利斯执政时期，增建了巴苔农神庙，希腊文意为处女庙。神庙修建历时 15 年，于公元前 447 年完成，东西十六、南北八根大理石柱构成柱廊，分前殿、正殿、后殿。在山墙及檐壁上有长达 160 米的描述古希腊神话内容的大理石浮雕。整个建筑和谐完整，气势磅礴，其建筑艺术与装饰艺术水平之高，在希腊神庙中居于首位。在正殿里，原来竖立着高 12 米的雅典娜雕像。据说雕像头戴金盔，身着金黄战袍，手持盾牌及长矛，神像的脸、臂、脚都是象牙雕的，这是希腊最著名的雕刻家菲迪亚斯精心制作的精品，可惜在公元 146 年被罗马皇帝搬走了。

山门是卫城的入口，我们拾级而上，通过了雄伟的大理石石柱。在巴苔农神庙的北面，有一座埃雷赫西奥神殿，它建于公元前 406 年。殿的正面六根柱子是用大理石雕成的六名亭亭玉立的少女，设计极为新颖。传说这是雅典娜女神和海神波塞冬争做雅典保护神而斗智的地方。雅典娜撒下一粒种子，立刻生长出枝叶茂盛的橄榄树。而波塞冬用三叉戟插穿岩石，顿时海水喷射而出。万神之王宙斯与诸神公判雅典娜为雅典保护神，因为橄榄能给人带来和平。但古希腊人未忘记海神，建造埃雷赫西奥神庙献给了波塞冬。

在希腊现代史上，雅典"卫城"已成为希腊民族抵抗斗争的象征。1941 年 5 月 31 日晨，两名希腊爱国青年爬上卫城，撕掉了占领者德国法西斯的卐字旗，升起希腊国旗。那天早上成千上万的雅典居民看到蓝白两色的希腊国旗在卫城飘扬，流下了激动的眼泪。

国家考古博物馆是希腊最大、展品最丰富多彩的博物馆，也是世界研究古代希腊艺术的宝库。该馆于 1866 年动工，1889 年竣工，后将全国各地珍宝文物集中于此。全馆 56 个展厅，3 个大堂，400 名工作人员，其中有 20 位考古保护、修复专家。每天有 4000－5000 人参观。在第四展厅中，展出了希腊人引为自豪的迈锡尼时期文物，阿伽门农王的3个金面具、金甲胄，以金银错镶的刀剑、权杖、金箔衣、唇膏盒、戒指印章等。第十二展室展出的主体文物是一匹铜马及骑手。这一珍品是1928年从希腊中部阿尔泰未西奥的海洋中打捞出来的。骑手面容像非洲儿童，估计是公元前140年左右的作品。另外还陈列了许多墓碑、雕像、浮雕，大部分是公元前4、5世纪作品。在展品中还见到许多壁画，还见到公元前400－前350年的足球，说明这项运动在古希腊开展得极早。在博物馆里还见到陶质的镜子，形状如同我们使用带把的平底锅，"锅外底"刻凿有各种花纹，"锅内心"平坦而四边有立沿，将水注入"锅心"，则可以水为鉴。与我们铜镜比较，真是东西方不同文化的产物。通过博物馆展品，使我们知道了希腊的克里特文化、迈锡尼文化、雅典文化、马其顿文化的相互延续继承的关系及内涵，无疑是这次希腊访问的重要收获。我们过去曾批判过"言必称希腊"的崇外现象，但封闭到根本不知道希腊，不了解国外的无知程度也是不对的。中国需要走出去了解世界，这是开放时代给我们提出的要求。

7月27日晚我们离开雅典，抵达开罗时，雏万生文化参赞在机场迎接。住进开罗有名的拉姆斯·希尔顿饭店。

7月28日

开罗位于尼罗河三角洲之南端，由开罗、吉萨、盖勒尤卜3个省组成，人口1500万，是非洲也是世界最大城市。最早建都为公元前3200年，称为孟菲斯。开罗是公元696年法蒂玛王朝征服埃及后建立的，意为征服者、胜利者之城。

徐山林团长拜会了埃及文化部第一副部长穆罕默德·古内姆先生。

埃及文化部第一副部长古内姆先生三年前访问陕西。他首先谈到西安给他留下的深刻印象，特别是震惊中外的兵马俑及美味可口的饭菜。在回顾两国友好交往历史时，强调周恩来与纳赛尔开创了中埃团结、反霸、反帝、坚持正义的外交关系，强调了穆巴拉克总统与江泽民主席的友谊，指出中国并不危险，中国是热爱和平、不爱战争、有自己尊严的国家。他说在埃及可到处见到中国建造的东西，如埃及议会大厦就是中国捐赠的，埃及大型钢铁厂是中埃友谊的象征，没有文化合作是不可想像的，埃及期待着加强文化交流的纽带。并认为我们代表团的访问，推进了中埃友好关系的发展。徐山林团长感谢了主人盛情款待，赞扬了埃及悠久灿烂的历史文明，表示了中国一贯支持巴勒斯坦人民斗争，支持阿拉伯人民正义事业，尤其注意到埃及在推进中东和平方面的重要作用，坚信最后胜利属于阿拉伯人民。同时还详细介绍了陕西文化、经济发展情况及西安的悠久历史，并表明了中国不会称霸，驳斥了中国威胁论的谎言，对埃及兄弟给予我们的理解，表示了谢意，并对古内姆对我国收回香港的祝贺，还给在开罗的香港回归展剪彩，表示深切的谢意。

中午我们驱车到开罗近郊，参观胡夫金字塔。这里是古王国法老选中的陵墓所在地，有 3 个大金字塔，6 个小金字塔。据刚从埃及考古学院毕业的女导游萨尔娃介绍，最大的胡夫金字塔用了 30 年时间才建成。这种形制的陵墓流行于公元前 2656－前 1550 年，即埃及古王国至中王国时期，因形体呈四角尖锥形，与中国“金”字相似，我们中国人习称其为金字塔。萨尔娃告诉我们，埃及共发现 85 座金字塔，其中 9 座有人面狮身像，惟有胡夫儿子哈夫拉的最大。人面狮身是智慧与威力的结合，是法老的象征。开罗吉萨的胡夫金字塔高 137 米，现每边长 227 米，大约用 230 万块平均重 2.5 吨的石材砌成。塔身北侧有一入口，塔身中心地下 30 米有废弃的一座墓室，不允许参观。萨尔娃说，传说有毒药，人进去就死了，这是不可能的。但可能是王后之墓室。沿入口不远处有一条向上通行的甬道，可以到达国王墓室，里面陈列着据说来自南美的黑色花岗岩石棺。据我的估算，墓室长 12 米，宽 5.6 米，高6 米，因不通风，非常气闷。墓室顶盖有 400 吨重的大石板封护，其上有五层空间以减少巨石对盖的压力，再上就是金字塔尖顶。形体庞大，设计科学，内部结构复杂，不愧为世界第七大奇迹。

金字塔参观结束后，我们在吉汗·哈桑小姐陪同下，参观了胡夫太阳船博物馆。1954 年在金字塔南侧的沙土中，发现了 150 个殉葬坑。长方形的坑完全在岩石之中，由 42 块长石条封盖，内有殡葬木船一艘，且有桨、席。船身不用钉子，以5000 米长的麻绳绑扎，船长 43 米，宽 6 米，使用从黎巴嫩运来的木头制作的，船有前后两室。现经修复后船身高大漂亮，着实让人感受到埃及古代文明的辉煌。

距胡夫金字塔东侧不远处就是其子哈夫拉的金字塔，高143.5 米，塔基四边各长 215.5 米。庙门内有圆柱宽厅，庭院中设祭坛，后面是国王的 5 个小礼拜堂，内部原有哈夫拉雕像。靠近尼罗河谷有下庙，里面原置 23 尊国王雕像，著名的狮身人面像在下庙的西北，平时我们在照片上都看到的仅是人面，其实狮身宏大，连蜷曲的尾巴也是用巨石砌成，这真是古王国时代的杰作。金字塔在中王国时还一度风行，但在第 17王朝之后，金字塔即被岩墓所替代了。

在开罗我们还参观了萨拉丁为抵御十字军保护开罗而建造的古城堡及光天化日清真寺，还经过开罗的死亡之城。死亡之城内墓葬林立，许多墓上均有建筑，如同死者生前居室一样，所以，一些贫穷之人就居住于此。穆罕默德·阿里是萨拉丁城堡内的主持者，1805－1848 年曾统治埃及 43 年，他的家族对埃及影响 150 年之久。清真寺钟楼上有重好多吨大钟及教堂内重 1 吨的水晶灯，均是阿里的朋友法国国王赠送的。在大教堂的一角，有以意大利大理石砌成的阿里墓，有 12 位密码的锁封闭着铜铸的大门，通过各种镂刻的花纹空隙中，还可看到阿里石棺上悬挂的印度织锦缎帷幕。

7 月 30 日早上，我们参观了向往已久的埃及国家博物馆。埃及历史可追溯到公元前 3100 年。埃及时代分期是：公元前 2686－前 2181 年为古王国，前 2040－前 1786 年为中王国，前 1567－前 1085 年为新王国时代，两个王国之间有两次战乱分裂的中间期，先后共有 20 个王朝。王国时代结束后，进入后王朝时代（前 1085－前 332 年），接着为希腊、罗马统治时代（公元前 332—公元 642 年），以后被阿拉伯人征服，所以，埃及文明主要指公元前 3100－前 332 年这段时间。

埃及博物馆创建于 1858 年，是从 1902 年开始从全国各地征集文物的，现共有文物 10 万件。文物之精、数量之多、展示密度之高，是我在许多国家中从未见到的。联想到欧美许多国家均有埃及的精美文物，令人对埃及人的创造力钦佩得五体投地。尤其是博物馆内陈列的图坦哈蒙墓的全部出土文物，简直让人震惊不已。

图坦哈蒙是古埃及 18 王朝国王，公元前 1361－前 1352 年在位，葬于上埃及卢克索“国王之谷”，是惟一未被盗掘的古埃及王陵。他 9 岁或 10 岁即位，在位 9 年后去世。英国考古学家 H·卡特于 1922－1932 年发掘了该墓。他的墓由甬道、前厅、棺室、耳室和库房组成。外椁塞满了棺室，有 4 层包金的木质圣柜，其内有整块石英石雕成的内椁，再往里边是三重内棺。第一、二重为贴金的人形木棺，最内一重为纯金人形棺，全部由黄金片锤打而成，重 60 公斤，而躺在棺内之图坦哈蒙的木乃伊头上罩着形象逼真的纯金面罩。除棺室外，库房、前厅、耳室中布满了数以千计的家具、雕像、武器、玉杖、包金战车等。

过去从照片上看以为是纯金的双虎、双鹿战车，这次弄清楚是木胎包金的。这种贴金或包金手法普遍使用于伞盖柜箱等家具之上，显得极为富丽堂皇。这些箱柜中装有衣物、麻布、珠宝、公文书等。一件镶嵌各色琉璃、宝石的贴金狮腿宝座最引人注目，因为这座上刻有图坦哈蒙的名字。金器中的金鹰头饰、金柄镜、金带、金钩、金凉拖鞋、金指甲套、纯金或嵌宝石的项饰、金盔、金匕首、金刀等制作精美，给人留下深刻印象。相当于我国商朝时期，埃及能有如此众多而且工艺水平极高的黄金制品，这对我们这些搞考古的人来说，是极为震惊的。

告别了埃及国家博物馆，乘飞机抵达南距开罗700公里的卢克索，这里曾是中、新王国的首都底比斯。我们当晚参观了展示有新出土的法老文物之卢克索博物馆，又看到了木乃伊制作博物馆。

晚上我们观看了卡纳克阿蒙神庙的声光表演。阿蒙庙是古埃及最大的庙宇，占据底比斯东城之北半部，门前有"斯芬克斯（即人面狮身）大道"。这座太阳神庙，始建于中王国时期，面积约25公顷，使用了二千年之久，是古埃及重要的文化遗产。它是由大神殿及周围许多小神殿组成，另外，还有许多塔门、庭院和著名的柱厅。在一座5700平方米大厅内，共有134根圆形大石柱，中央通道两旁有12根高达23米、直径5米的石柱，可称是世界之最。神庙中之塔门、圆柱和墙壁上，饰以彩画和浮雕，题材有花草、动物、战争、祭祀和日常生活、生产场面。这里还有许多楔形文字刻在石墙之上。巴黎协和广场的大型方尖碑就是从这里运去的。至于阿蒙及其妻穆特之石雕像以及许多新王国时法老像在这里也有发现。主人安排在群星闪烁的夜晚去参观阿蒙神庙，不知从何处角落飘散出来的抑扬顿挫的声音，忽明忽暗照射在塔门、厅柱、神像上之各色灯光，把人们引到了古埃及法老世界，使人深深感到这些"石头的历史文献"的无穷魅力及对新王国历史研究的重大价值，也使我联想到我们的兵马俑坑完全可以采用这种声光手段展示出它的辉煌价值。

国王谷是我们来卢克索主要参观项目，它在尼罗河西岸的山区中。第 17 王朝的国王在底比斯建造了最后一座砖垒的金字塔，金字塔陵墓彻底衰落了。进入新王国时代的第 18 王朝法老，在底比斯山谷中凿窟造墓。法老们认为首都是生命之城，在尼罗河东岸是日升之处，西岸为日落之处，是死亡之城。而且这里无水干燥，尸体可永远保存。加上远离人口密集之地可以防止盗墓。除图坦哈蒙墓外，这里最长的陵墓达 214 米，墓内结构复杂，往往有台阶，斜坡墓道，前、中、后墓室。第 18 王朝的阿依法老（KING AY）墓，是 1817 年发现的，现已修复首次开放。这位法老统治时间大约是公元前 1339 年－前 1335 年，但规模却很宏伟。另一座第 19 王朝的色浦达斯（SIPJAHS）法老墓，是 1905 年由美国考古学家阿特恩发现的，它是国王谷里发现的最后一座墓，长 105 米，大约是在公元前 1208 年埋葬的。第 20 王朝的瑞梅色斯（RAMESES Ⅶ）法老，公元前 1136 年－前 1129 年在位，仅 7年。他的墓于 1827 年被发现，但结构就简单得多了。古埃及国王不与王后葬在一起，所以在距国王谷一段路程的另一山谷中。有王后、王妃墓地，又叫王后谷。陵墓博物馆馆长冒着高达 42℃的盛暑烈日，亲自陪同我们到王后墓参观。这里共埋葬 70 个王后、公主，仅有 3 个陵墓开放。对王后谷大规模的发掘是从 1995 年开始的，主要是意大利考古队在这里发掘，并进行颜色保护与修复。我们参观了 19 王朝的奈弗塔埃、蒂蒂（NEFERTARI T1T1）两位王后墓。这些墓内壁画及象形文字的彩画如新，精美程度似乎超过国王陵墓。进入墓内只准停留10分钟，照相机、录像机留在墓外，当然不允许照相，更不要说使用闪光灯了。尤其令人惊异的是不许在墓内说话，导游在墓内亦不准讲解。埃及对文物保护的高度重视由此可见一斑。在国王、王后墓内，有许多国王、王后与保护太阳神、天神、和平神、送葬、太阳船、对死者审判、祭祀、行猎等大型壁画，其特点是雕刻与彩绘相结合，主要颜色是黑红原色。而且据馆长介绍，涂黑色只能是由主设计师担任，副设计师只涂红色。另外墓内有所谓大篇幅的死亡之书、门书、圣书、医书等象形文字刻在墓壁之上，进入陵墓给人一种琳琅满目、色彩斑斓的感觉，使人目不暇接，这种感受在参观其他国家墓葬中从未有过。馆长说，国王谷与王后谷，一年要来400万外国游客，各种收入500万磅，国家不征税，收入用于文物保护与发掘。外国考古队在此发掘，除了文物不得拿走外，照片、文字、录像资料都可带回国内研究。

8月1日

早晨我们由卢克索飞抵开罗，然后换乘航班飞抵巴塞罗那，晚上由巴塞罗那乘 IB6780 航班飞往西班牙首都马德里。

西班牙位于欧洲西南部的伊比利亚半岛上。15、16世纪曾是海上强国，是西欧国家中面积仅次于法国的第二大国，相当于欧洲的1/20。西班牙曾长期遭到罗马人、西哥特人和摩尔人的统治，1492年赶走摩尔人，建立了统一的封建王朝。同年哥伦布发现西印度群岛，从此成为海上强国，对外进行扩张，在欧、美、非、亚四大洲均有殖民地。16世纪末逐渐衰落，1931年建立共和国，1936年佛朗哥发动内战，并于1939年夺取了政权。1973年3月与我国建交。

8月2日

马德里被誉为"旅游王国的中心"，不仅自然风景秀丽，而且名胜古迹随处可见。我们首先参观了西班牙考古博物馆。女馆长 Dr.Crmen Perez 博士说，考古博物馆是 1866 年开始建立，伊丽莎白二世的文物是最初的收藏。文物从史前时代直到 19 世纪，包括有考古发掘、艺术品，藏品总数达 100 万件，展出了其中最优秀的，占总数的 10％。博物馆周六下午、周日上午免票，经馆长批准大学及其他研究人员可免费研究。

该馆在埃及从事考古发掘。与德国、法国、荷兰通过协议，电脑联网相互利用资料。馆长表示了在历史研究或考古发掘方面与中国合作的强烈愿望。

当我们问她馆藏文物来源时，她说："20 年前，各地发掘的出土文物都送国家博物馆，现在不送了。博物馆只是通过拍卖购置藏品。文化教育部购买的也送到馆里来。但博物馆文物严禁拍卖"。

在西班牙考古博物馆中，我们仔细观看了伊比利亚半岛的各时代文化。公元前 6 世纪的金镯、金项圈，形状各异，种类较多，说明欧洲金银工艺比中国发达得早。公元前 1 世纪到公元 4 世纪通行的货币，收集齐全，制作精美。我们还见到公元 1 世纪 90 厘米×60 厘米大型的拉丁文法律青铜书，分两栏、三栏两类型。以青铜铸造的判决书，曾在我国陕西省周原发现，那就是有名的朕簋，但法律条文铸于青铜版上是没有的。有一件提水机械引起注意，它的形状与今日我们使用的压水泵相近，询问主人得知是二千年前之物。

索菲亚博物馆，是以现在国王的妻子索菲亚王后名字命名的。原为城市医院，1956 年改为博物馆，建筑面积 54 万平方米，展线长度 12000 米，这里有独立派、抽象派、野兽派的油画、雕塑，表现了艺术家们追求创作的更大空间、更大自由的艺术发展史。在这里还参观了惟一的美洲博物馆。

在主人的安排下，我们参观了西班牙的"国粹"斗牛表演。西班牙素有"斗牛王国"之称。西班牙的斗牛，一向受到世界公众的注目。斗牛历史悠久，大约与罗马统治时代在其领域之内设有斗兽的娱乐表演有关。13世纪斗牛成为竞技性表演。自18世纪起，西班牙各地兴建斗牛场。斗牛活动传到墨西哥、秘鲁、拉美等地。

马德里的斗牛场地，形状与体育场类似，观众看台呈梯形。场地为沙土质的。在场地四周有矮墙以防斗牛时伤及观众，墙内设有防止牛袭击斗牛士的"屏障"，每遇斗牛疯狂抵触场内斗牛士时，即进入屏障之内，任由斗牛狂抵障墙而不出。每周举行一二次斗牛，每次2.5小时，大约每半小时杀死一头牛。斗牛之前，先由人执牌巡行场内。牌上写明牛之年龄、体重，体重一般在500公斤以上，最多近700公斤。然后身着光彩夺目的织锦服斗牛士出场，向四周观众致意。若是著名的斗牛士，观众会站立欢呼，而斗牛士也将自己的帽子掷向观众。我们观看时，恰好王后也莅临斗牛场，所以观众情绪激昂，而每个斗牛士必先向主宾台王后致意。将牛放入场内后由四名斗牛士助手先行逗引，使其狂暴，在场内到处追逐以消耗其体力。然后，有两名骑甲马着甲的骑士，执长矛从两边门入场，乐声大作。斗牛看见骑士后，即狂奔马前，以角抵触，有时可使骑士人仰马翻。骑士这时以长矛刺中牛之动脉血管，牛颈血流如注，然后骑士在乐声中退出。这时牛即向所有在场之人寻衅，而边门中又出现手执系有五色绸带的双镖的两名斗牛士，他们挑逗斗牛，斗牛寻声冲击，斗牛士在距牛首很近的地方，眼疾手快，将利镖插在牛之颈椎上。高明的镖手是使四把镖在颈椎上散开呈菊花状，就引起场内观众一片掌声。这个回合，也是进一步让斗牛失血，逐渐减弱其战斗力。最精彩的斗牛高潮来到了，衣着锦绣的斗牛士，手执红布及长剑入场，随着红布翻腾挥舞，不断躲闪过牛的冲击，漂亮的躲闪有时可使牛失前蹄而扑倒，全场顿时欢乐若狂。这段躲闪腾挪完结后，斗牛士即更换手中之剑，这柄剑身更狭窄，再经一段躲闪，斗牛士并足侧身，目视斗牛并逗引其冲击。斗牛士并不躲闪，待牛冲至身前时，稍一侧身，手起剑落，利剑已刺中牛身，由颈部直入心脏，牛即轰然倒下，全场掌声雷动。四门大开，音乐骤起，有雄伟矫健四匹马在骑手驾驭下入场，拖走死牛，一场激烈搏杀的场面就正式结束了。

据主人告诉我们，斗牛之规则极严，每场均有裁判，力求人与牛斗公平进行。如长矛刺牛只能有两次机会，刺不中则不得再刺；对于全场参加斗牛的斗牛士，最后也做出评价，斗牛士获得最高荣誉奖给两只牛耳。我们观看的这场斗牛，最后一位斗士以其娴熟技巧及勇猛刺杀，受到王后的赞赏，当场被赏牛耳一只。斗牛士引为莫大荣耀，高举牛耳环绕一周。热情观众尤其女观众将自己帽子抛入场内，斗牛士拾起又抛回，她们立即戴在头上，以分享斗牛士的荣誉。近年来，西班牙成立了反斗牛协会，以彻底取消斗牛活动为宗旨，而年轻人已将兴趣转向足球了。

8月5日－7日

由马德里取道葡萄牙返回。葡国在伊比利亚半岛西部，濒临大西洋，15、16世纪向海外扩张，占领许多殖民地。在机场上，葡萄牙使馆工作人员已恭候多时了。住进馆店后，莫鸿钧一秘即陪同我们游览市容。里斯本全城绿化极好，位于特茹河北岸，坐落在由7个小山丘组成的月牙形地段上。内港纵深，可停泊各种船只。市内人口100万，集中了重要的文化科研机构、高等学府、博物馆、教堂等，并有较大规模的造船、石油、化工、电子等企业。我们驱车前往13世纪的古堡，古堡建在山顶上，盘山路之两侧建筑拥挤，道路狭窄，然而有轨电车仍然铿锵行驶，让人深感这座城市的古老。到了山顶经介绍，知道圣·乔治古堡原为罗马人、日耳曼人的防地，后为摩尔人的城堡，经1755年之里斯本大地震，仅存城墙、哨塔，其余宫殿已全部毁坏。但从这里可以俯瞰全城之风貌，自由大道、共和国大道、古老市场就在古堡这脚下，到处是高耸的教堂塔尖。因为1998年在这里要开本世纪最后一次世界博览会，所以到处在基建。远处可看见新建的特茹河大桥，中心跨距997米，是欧洲最大的悬索桥。在里斯本城内，有恩里克王子（1394－1460年）为表彰天主教对其远征非洲的支持建立的教堂。1500年葡国王曼努埃尔一世又在此奠基，建造了热罗尼姆大教堂，以纪念达·伽马绕好望角开辟通往印度航线之功绩。大教堂侧门成拱形，由8根圆柱支撑，回廊有精美的雕刻，被称为马努艾尔风格。教堂内安放着达·伽马和卡蒙斯等人的遗骸。在里斯本市西南之特茹河北岸，1960年为纪念王子恩里克逝世500周年，举行了"大发现纪念碑"的揭幕典礼。纪念碑像一只乘风破浪行驶的海船，船首及船侧之甲板上，站立各种人物，有达·伽马等探险领导者，也有牧师，还有从狱中释放的囚犯，他们都对大发现做出了贡献。碑座前之广场用彩石拼出一幅世界地图，展示15、16世纪葡萄牙航海路线，并标出了船队抵达的地区和时间。这座大纪念碑在庆祝香港回归的中央电视台节目中曾多次放映，当时有许多中国留学生聚集在纪念碑广场上欢庆，并热切期待着1999年澳门回归。据说，葡国有关人士讲，澳门是我们租借的，不是抢的，而且也愿意归还，希望不要出现类似香港回归的倒计时牌。

我们在纪念碑前照相留影后，即赴著名的贝伦塔参观。贝伦塔为防止荷兰海盗，建于16世纪初，坐落在特茹河口，是一座方形堡垒。当时，两岸各有一座堡垒，建在河口最狭窄地段，以控制外国船只的出入。对岸堡垒毁于1755年大地震，至今还可见其遗址。这座塔此时正在维修，但在遮挡工程的帆布上，将贝伦塔的外形以原比例绘制其上，使人仍能见到贝伦塔之雄姿。葡萄牙许多航海家远航，都是从这里起锚的。沿着维修工程搭设的便道，走入贝伦塔内，塔内陈列着 16 世纪使用的火炮和其他文物。贝伦塔是葡萄牙的象征，被联合国定为人类文化遗产。

贝纳宫建在距里斯本 30 公里处辛特拉的一座山顶，四周绿树成荫，林木苍翠，是一处景色俱佳的避暑山庄。我们一早赶到，值班人员还未上班。8 月中旬的天气这里还冷风瑟瑟，我们只得在宫门之前就地活动以增加点温暖。9 时许工作人员陆续驾车来到，开门放入游客。据驻葡使馆一秘介绍，贝纳宫建于 19 世纪，是在一座修道院废墟上建造的，费尔南多二世国王将此定为夏宫。1755 年该修道院因遭大地震破坏，几近毁灭。1838－1885 年陆续修复，葡萄牙末代国王卡洛斯及全家常在此休憩。1910 年 10 月第一共和国成立后改为博物馆，并命名为"国家贝纳宫"。

贝纳宫外墙壁均用 16－19 世纪的蓝彩瓷砖砌成，同时又多用粉红色涂饰，是葡萄牙浪漫主义城堡建筑的代表作。花瓷砖装饰手法，在里斯本大街上可常看到，是在其他欧洲国家从未看见的一种装饰手法，印象极为深刻。

在贝纳宫之山下，就是辛特拉。它是里斯本大区中的一个市，位于辛特拉山脉北麓。该区森林茂密，并产矿泉水，是葡萄牙著名旅游区。我们特意参观了辛特拉宫，我国领导人访葡多在这里进午餐。12 世纪中叶，葡国王阿本索·恩里克占领了这个地区，并划入葡国领土。在里斯本大区中还有一座海滨城市卡斯卡伊斯，位于里斯本以西 28 公里处，风景优美，气候宜人，为避暑、休闲胜地。二次世界大战时，国际间谍曾云集于此，故有"间谍中心"之称。我们停车于海滨，穿行于市内繁华之处，领略了千姿百态、风格各异的各式小别墅，总算是到此一游了。

从卡斯卡伊斯到罗卡角是很近的。罗卡被称为"欧洲之角",位于欧洲大陆的最西端,濒临波涛汹涌的大西洋,地处西经9度30分,北纬38度47分,海拔140米。此处风大浪急,海浪不时冲击着伸入海中之岩石,翻起雪白的浪花。我们都在葡萄牙大诗人卡蒙诗句"陆止于此,海始于斯"的石碑前照相留影,这反映了当时葡萄牙人对世界的认识。并在附近屋子里,领取了游历"欧洲之角"的证书。

通过对这几个国家参观访问,了解了以下情况:

关于文物立法

哈桑秘书长说,埃及150年前已有文物保护法律。西班牙1985年搞了文物立法,西班牙中央政府制定文物总法,各大省区依据自己情况,均已制定地方文物法规。地方文物法主要明确各地文物遗存的保护责任,严厉打击文物走私及破坏犯罪行为。而埃及把照片、声像资料也纳入保护范畴。因为西班牙地方政府对地方文物有保护责任,所以,当地的考古发掘对象,地方也有权决定。

关于文物经费

哈桑秘书长说,全国博物馆门票收入不上税,主要用于文物保护,他不告诉我们总收入数字。埃及每年境外游客2000万人,人均按100埃磅计算,也在20亿埃磅,折合人民币52亿。文物经费还有国外资助。另外,专项工程经专家论证,需要多少,政府付多少。所以,哈桑说文物机构是全国最富有的机构。

关于文物拍卖问题

埃及绝不允许文物买卖。但西班牙由于文物保护责任在地方政府,考古发掘决定权在地方政府,所以国家博物馆已得不到考古发掘的出土文物,只得通过文物拍卖市场获得展品。

每年西班牙政府为购买文物要支付 5－10 亿西班牙比塞塔。他们允许文物拍卖，但国家可优先收购。只允许百年左右文物出口，超限要经批准。

关于考古发掘问题

埃及对外采取开放政策，全国有 28 个外国考古队在埃及从事发掘文物保护工作，但都需考古队提供资金，文物归埃及，一切文字、照像、声像资料允许外国考古队带回；哈桑还直接要求中国派壁画、丝绸、纸张修复专家到埃及协助工作，经费由埃及负担。

西班牙规定，在国家建设及私人工程中，有责任保护文物。发现文物立即报告，政府派专业人员清理发掘。公共工程建设大约有 1％工程出现文物。西班牙法律规定勘探、清理等考古经费由工程建设单位支付，曾遭到私人公司强烈反对。因此遇到此类情况，由文化教育部向私人公司收取考古费用。

文物保护机构

埃及有管理博物馆的机构、管理伊斯兰教的文物机构、文物警察部队 3 个机构，均属国家最高文物委员会领导。委员会设 18 个专家组成的咨询组，主要研究文物政策执行、考古发掘与文物保护预算、与国外机构合作、发掘计划的制定。另外，各大博物馆馆长与文物委员会定期召开会议，研究有关问题。文物警察部队直接负责各大遗址如金字塔、神庙的保护。我们在胡夫金字塔曾见他们骑骆驼，执武器，在陵区内巡视。全国有 300 名军官，3000 名士兵，为文物安全起到重要作用。

关于发挥文物教育功能的问题

哈桑说，文物机构、文物委员、委员会主席，均承担发挥文物教育功能的责任。前总理、现为最高文物委员会主席，他向议会提出从孩子起要增加文物知识教育，大学生必须懂得埃及历史，同时要求学习中国、欧洲历史。

三十三　埃及哈夫拉金字塔前
的狮身人面像

三十四　埃及胡夫金字塔旁
博物馆内复原的太
阳神船

三十五　埃及国王谷／张彤摄

三十六　西班牙毕尔堡市古根汉姆博物馆

三十七 在澳大利亚维多利亚州国立博物馆讲演

三十八 葡萄牙贝伦塔

三十九　陪同李肇星大使参观纽约古根汉姆博物馆《中华五千年文明展》

四十　在美国鉴定文物

四十一　美国华盛顿杰佛逊纪念堂／张彤摄

四十二　美国加州赫斯古堡／张彤摄

四十三 希拉克总统观看西安出土的汉代大玉璧拓片

四十四 英国邱吉尔庄园／张彤摄

四十五　英国温莎城堡／张彤摄

四十六　大英博物馆内古代亚述帝国石刻

四十七　英国巴斯城罗马浴池遗址／张彤摄

四十八　澳大利亚墨尔本拉筹伯大学奥斯本·麦克尔校长为作者颁发荣誉博士证书

对各类博物馆及著名遗址进行了实地考察。在三国访问中，我们先后参观了22个博物馆和39处重要文化遗迹，其中有国家历史博物馆、考古博物馆、绘画博物馆，另外还有木乃伊、装饰、马拉松等专题博物馆，埃及国王法老、王后陵墓，西班牙、希腊的大型教堂及许多名胜古迹，学习了解了许多可以借鉴的经验。

1. 专题性博物馆设立

我国综合性博物馆多，而专题性较少。希腊的马拉松博物馆，是为纪念雅典以少数部队击溃波斯大流士国王十万军队的阿提卡海岸战役后而建立的。馆舍小，工作人员少，而陈列简明扼要，使人对公元前490年发生的这场震惊欧亚的大战，以及由此产生的马拉松长跑有了深刻印象。另外，在西班牙参观了装饰博物馆。这里展品有欧洲古代墙面装饰纸、装饰壁毯、木质装饰画、皮质墙面、各类藻井及室内陈设等等，扩大了我们对文物展品种类的认识；在卢克索参观了埃及惟一的木乃伊制作博物馆。古埃及盛行"灵魂不死"的信仰，木乃伊是为了死者复活时，灵魂有所寄托，所以十分重视而且具有高度发达的木乃伊制作技术。这座博物馆陈列了各类制作木乃伊的解剖刀具、药物、麻布，装置内脏的特殊石罐，并绘制了洗尸、剖尸、取出内脏、药物护理等制作过程的图画。这里陈列的木乃伊各种各样，有人、有猴、还有鳄鱼等等，使人对埃及木乃伊文化有了深刻了解。

2. 严格的文物保护设施及规定

希腊、西班牙等国，均以电脑控制全馆的各种信息，进门、出门均经过安全检查门，尤其是文物安全之严密，完全在电脑监控之下。希腊一座绘画博物馆，有凡高的一幅静物写生画，该画价值5700万美金，但不装入玻璃展柜，设专室悬挂陈列，室内置长椅，供游客休息欣赏，环境非常幽雅。萨拉丁古城堡内教堂，人们进去均要脱鞋。埃及、希腊、西班牙等国的国立博物馆、艺术馆，均不许照相，更不允许用闪光灯。埃及卢克索王后谷的王后陵，每座参观不得超过十分钟，不准照相，连讲解、游客说活都不允许，使人深深感到他们对国家文物的极度重视态度。

3. 三国陈列方式有许多特点。如埃及、希腊国家级博物馆内，文物密集度极高，压得人喘不过气，凸显了历史悠久及文化灿烂的深厚感。西班牙1492年哥伦布发现了西印度群岛，在拉美有大面积殖民地，因此，西班牙美洲博物馆的主要展品内容为拉美玛雅文化。这一文明在公元前2500年形成，公元3-9世纪为繁荣期，15世纪为西班牙殖民者毁灭。但西班牙国家博物馆在陈列时，使用了声、光、电等先进手段。如对玛雅前古典期农作、制陶、祭祀、神殿遗址等，每段陈列线上均有专题电影放映室，进行生动、直观地介绍；为了说明玛雅文化产生背景的地理特征及环境，这种放映采用立体声及画面，使观众仿佛直接置身其中，使我们对杰出的古代印第安人文明，对世界考古学中这一重要领域有了全新的认识。

4. 除陈列手段尽量考虑到观众需要外，就是在为观众服务方面非常细致周到。如饮水、厕所、存放衣物处、观众休息处，还设有查阅文物资料的专门小区，或指明参观内容、路线的电脑等等。这些先进服务设施往往是国内博物馆最易忽视或根本不予设置的。

在这些博物馆里，绝大多数是馆长亲自接待讲解。他们对中国文化遗产表示了强烈的兴趣，并有双方交流的愿望。如西班牙女馆长 Dr. Carmen Perez 博士说，她从事考古曾有两个愿望，一是搞埃及考古，一是搞中国考古，后来选择了埃及，因此，很想访问中国，一了平生夙愿，并希望双方交流人员。西班牙拉丁美洲考古博物馆也表示只要中方申请，该馆可以为中国培养拉美考古专业人才。

这些博物馆馆舍，都极其精美。政府对博物馆不惜重金投入，足见其对精神文明建设的重视。而博物馆及名胜古迹建设，又促进了各国旅游事业发展，对经济建设的拉力、推动力极强，带动了一系列产业。可以说，文物旅游在这几个国家中起着支柱作用。

通过参观，对中国文物旅游事业今后如何发展也有一些不成熟的想法：

一、学习借鉴三国政府对文物保护、考古发掘高度负责的精神，不断完善我国文物地方法规，各级政府切实负起保护一方文物平安的责任。在文物收入免税、资金投入、文物环境整治、大型遗址保护、基建考古勘探与发掘等方面，逐步达到国际水准，以促进我国文物保护、考古发掘事业的发展，也为全国旅游事业提供新的景点。

二、我国文物应进一步加强国际合作。通过三国访问感受到，国外有与我国省市合作的强烈愿望，但双方都对合作渠道不了解。今后除疏通渠道、加强对外宣传外，也可考虑把在经贸领域内实施的"四换"政策，移植到文物领域。如果外方同意提供资金、技术，我们可考虑同意他们参加一般性遗址、墓葬的发掘；在满足我们安全、保险、展出费用的前提下，可适当放宽数量、种类（如唐代壁画）的限制，以适应国外文物展览市场的需要。

三、要充分发挥陕西文物优势，为经济建设服务。

如兵马俑馆作为陕西文物旅游的宏大支柱，不应长期没有发展。对陵区钻探试掘工作应持续开展，不断发现新内涵。临潼区政府文物文化职能部门应给予支持，博物馆内的二号坑发掘工作应适当加快，不要停滞不前。

又如西安城墙要充分利用。城上应搞豪华电瓶车，供游人乘坐游览市容；每段应设具有地方特色的戏剧、小品表演，以吸引游客；黑水引入城河后，河内应有唐代特点的游船，以开展环城河旅游。

还有以法门寺为主，将大兴善寺、青龙寺、兴教寺、香积寺等唐代寺院包括在内，有计划组织佛教文化旅游，广泛宣传，营造客源，以促进陕西旅游发展。

现在陕西只有临潼东线较热。绛法高速公路修成后，法门寺客流会增多，但总的拉力不大。为了扩大客流在陕天数，还要在吃、住、行、游、玩各方面再做文章。尤其增开东北方向一条新线，对境内、境外客人都有新意。因此，我们还应争取近几年加速对东北线文物旅游的培育，在资金投入项目选择上有一定的倾斜。

乘坐云朵到澳洲

澳大利亚位于大洋洲西南部，由澳大利亚大陆和塔斯马尼亚岛组成。这里面积有 768 万多平方公里，全澳约有 1800 万人，集中在沿海的堪培拉、墨尔本、悉尼、达尔文等六个城市，澳洲中部则为沙漠区。澳洲土著居民的祖先，早在旧石器时代末期，在约 4 万年以前，从东南亚迁来，据说主要是印度尼西亚人。1992 年我曾有一次去澳大利亚访问的机会，签证都办好了，却接到要我去美国密西根大学参加三个月的博物馆馆长现代化培训学习，这个吸引力更大，于是放弃了澳洲之行。

这次应澳大利亚墨尔本拉筹伯大学考古系主任蒂姆·马瑞教授的邀请，前往该校讲演并协商相互交流事宜。1999 年 4 月 17 日，从北京乘空中客车 A340 飞往澳洲，由悉尼入关后，换乘航班于 18 日抵达墨尔本，整整耗时 13 小时。从悉尼换乘澳洲国内航班非常复杂，幸亏有拉筹伯大学讲师刘莉女士的丈夫汤姆先生同行，才顺利到达。

汤姆先生系拉筹伯大学国际交流处中国项目主任、工商管理研究院高级讲师，他像一切热爱中国文化的外国人一样，有个中国名字叫白慕唐。这次是到北京师范大学解决交流学生的有关问题，返国时陪同我赴墨尔本访问。他曾在台湾学习先秦诸子百家，致力于中国古代思想史研究。以研究顾炎武的思想论著在哈佛大学取得博士学位，对于中国传统文化可以说是学贯古今，知识渊博。第一次从电话中听到他一口纯正的普通话，几乎不相信是位美国人讲中国话。

　　刘莉博士原系西北大学历史系"文革"后第一次统考录取的考古专业学生。曾在陕西省考古研究所工作，并参加了凤翔秦公一号大墓、马家庄秦宗庙遗址的发掘。当时先后毕业于西大并分配来雍城考古队的女同学还有叶娃。每当早上去南指挥上工时，经过八旗屯等村庄，总有许多妇女从家里跑出来观看，我当时戏称她们有"倾队倾社"之色。后来赴美国费城天波大学获得硕士学位，又考取哈佛大学张光直先生的博士生。毕业后受聘于拉筹伯大学。该校是澳洲惟一有中国考古专业的大学，刘莉女士即为该系台柱，并担任博士生导师。她与汤姆曾在天波大学邂逅相遇，到哈佛时再次相见感情日深，结为亲眷，现已有十分可爱的女儿维给。

　　按照安排第二天我就去维多利亚州国立博物馆发表陕西考古新成就的讲演。在此之前，刘莉已将该馆在一个月以前散发的广告送我两份作为留念。进入馆内大厅，又看见布告栏中标明我讲演的时间与讲演厅位置。该馆副馆长代维克先生及东方艺术部潘关美恩主任接待了我，并陪同参观了该馆土著文化展室及美国洛克菲勒亚洲文化协会的藏品展，后者大部分展品我曾在纽约的美国亚洲文化协会总部看过，而前者是呈现在我面前从未见过的一种文化，令人兴奋不已。当我走进讲演厅时，墨尔本关心中国或到过中国的许多人士已在厅内就坐，看到其中还有不少皓首老人前来听讲，深感国外对中国文化的尊重与热爱。讲演后，代维克馆长发表了热情讲话，认为开阔了对中国文化的视野，赞扬了中国文明的伟大，对我的讲演表示了深切的谢意。另一场讲演则是在三天以后，于拉筹伯大学考古系举行。系主任主持，刘莉把我介绍给听众，听众有该系的教师、研究生、四年级大学生，人数较博物馆的更多。这是全澳洲惟一有中国考古学的大学，所以讲演刚结束，提问不断，表现了对中国古代文明的渴望。我赞美了汤姆先生高水平的翻译，他们则称赞我的讲演大获成功。

我此行主要目的，是建立与拉筹伯大学合作交流的关系，尽量的选送陕西考古所青年研究人士去澳深造。我有一个想法，在世纪之交的时际，向法国、德国、日本 、澳洲等派出一批人员，广为学习吸纳各国在考古理论、技术、专业知识等方面长处 ，造就陕西考古所下个世纪的人才优势，推动陕西考古事业发展，更好地为两个文明建设服务；法、德、日已开始实施，而澳洲只是在探寻途径，因此，这次访问重点是与系主任马瑞教授谈判。

马瑞先生是拉筹伯考古系主任。他 39 岁就晋升为教授，在澳洲大学中是少有的。因为一个系只有一名教授，他又主持着全系的政务，有很高的行政才能。他与我进行了长时间的交谈，同意为我所培养动物考古等方面的博士生，愿为我方短期培养电脑技术人才。他要求来学博士的人员托福要考在 570 分以上，拉筹伯即可给三年奖学金，澳洲奖学金很高，完全可以免去边学习边打工之苦恼。同时愿进行短期访问学者交流，包括拉筹伯的中国考古专业研究生、大学生到我省参观见习。他是澳洲考古理论学者，对世界上新的考古理论研究卓有成就。他非常乐意到我所讲演并愿为我所培养考古理论人才。我们双方还达成了不能滞留中国留学生的共识，认为中澳双方培养的博士生，应回到中国为本国的考古事业服务，并起到促进中澳文化交流的桥梁作用。

双方观点如此相同，引起了拉筹伯大学校长奥斯本·麦克尔教授高度重视，决定由他出面，常务副校长麦克道尔教授、副校长兼国际交流部主任戴维斯托克利博士，还有一位副董事长、马瑞先生、汤姆先生、刘莉博士等作陪，对我午宴招待，据说这种情况很少见。奥斯本教授是希腊考古学的专家，知识渊博，著述甚多。我们在等候他到来之前，有人说他不会开汽车，需要一位副校长把他接来，这让我大为吃惊。他们说校长是英国人，从小家穷，一直使用公共交通工具，所以至今不会开车，出行时多为夫人及司机驾驶。不久，校长到来，交换名片后，即进行亲切交谈。校长体态魁伟，和蔼可亲，他又仔细询问了我与系主任马瑞教授商谈的内容，表示了极大赞许之意。他不仅是拉筹伯大学校长，而且是全澳洲大学对外联络的总负责，不但重视与中国文化的交流，而且在经费处理上有支配权力。他说曾带领澳洲的大学校长们到过中国云南、武汉。我问何以不去"中国考古首都"西安，他说在考古方面没有遇到知音作伴陪同，故未成行。我详细介绍了西安丰富的文化遗存，他当场决定9月份访问西安，并指定刘莉夫妇作陪。他还说考察罗马帝国时代十字军东征的一支队伍下落是他的夙愿，他亟想知道去新疆、甘肃考察的注意事项。我叮嘱他不要涉及敏感的民族问题，并答应可以介绍新疆、甘肃考古专家给他以协助。他还询问我对中国与希腊古代文化交流的看法。我谈了中希文化交流可能在先秦时代，甚至中国传统的瓦、瓦当、筒瓦、板瓦均有希腊文化的痕迹，他大为兴奋，让人取来他编著的《希腊古代人名辞典》当场签名送给我，但这本书是用黑纸包裹，白色的丝带捆绑，对中国人来说全属凶色。刘莉注意到这一点，大约告诉了有关人员，此后我接到的书籍全是大红、大紫的纸张，以金色的丝带捆扎，可见他们非常尊重我们的习惯。在午宴上，我提出应有文字性协议来体现这次访问会谈的成果。校长即与几位副手商议，同意以他与我的名义签署协议书，并决定在实施过程中，给考古系增拨经费，以保证协议之执行。第二天我们二人就签署了协议书，使陕西省考古研究所与拉筹伯大学之间的交流关系有了文件依据。

　　讲演与协议这些主要任务完成后，我又习惯地多方面了解澳大利亚。澳大利亚属大洋洲，人类足迹踏上这一土地的时间较晚。根据考古发掘证明：人类是在旧石器晚期以后才来到这里，距今最多有 4 万年。澳洲土著居民属于尼格罗－澳大利亚人种，皮肤黝黑、身体修长、嘴唇较厚、眉脊突出、胡须浓密、头发色黑呈波纹状。人类学已证实其祖先来自东南亚。土著居民原有 500 多个部落，几乎每个部落都有自己的语言或方言，但有的部落早被殖民者屠杀或死于饥饿，有些人口锐减并入其他部落，有的进入城市，同化于白人社会，所以这里本土考古并不发达。少数几个围有石块或属于土著祖先打制石器的遗址，土著居民视若神明，不允许外人发掘或带走任何遗物。所以澳洲就兴起一种殖民时代考古。殖民初期，澳大利亚的白人居民，大多数是流放犯。1830 年前，英国往这一地区流放了 6.3 万人，自由移民仅有 1.4 万人，直到 19 世纪中叶，自由移民比重才大于罪犯，尤其是 1851 年在维多利亚、西澳大利亚相继发现金矿，自由移民的人数激增。我去的墨尔本，就是新金山之意。现在这座城市约 300 万人，东西 40 公里，南北约 35 公里，全城占地 1400 平方公里，可说是世界之最。这里就是淘金之地，是自由移民重点移居地方，作这种考古调查发掘，主要是在旧码头及金矿，所获文物我曾在拉筹伯大学考古库房见到，主要是玻璃杯、酒瓶、罐头盒、铁钉及其他日常用品。这样，在考古方面我没有更多可以考察的对象，于是把兴趣转移到对自然界尤其是动植物的观赏上来了。

澳洲动物种类繁多，缺少天敌，所以是各类珍禽异兽的伊甸园。正因为如此，进入澳洲对旅客携带的动植物检查特别严格，绝不允许带进任何异国的动植物以破坏澳洲的生态环境。澳洲的有袋动物是非常著名。从许多方面来说，有袋动物仍停留在非常原始的阶段。它们的新生儿，在胚胎发育的早期就生下来了。一只身高 1.8 米的大袋鼠生下来的新生儿仅有 2 厘米，发育不全，有袋类动物的育儿袋就是专门用来保护幼儿的。刚生出来的幼儿在母鼠协助下，爬入育儿袋，袋内有管状乳头，幼儿在袋子内吸吮母乳，8个月后才离开育儿袋。红袋鼠遍布澳洲，以草为生，是牧场有害动物，每年有数千只被杀，所以市场上有许多袋鼠皮出售，价格约200－300元人民币一张。考拉又称无尾熊。这是我到澳洲就想观赏的动物，因为从电视上看，像是玩具熊，但对于考拉也属有袋动物是这次来澳洲才知道的。它生下新生儿后，也要装入袋内，几个月后，小考拉出袋，母熊还要背负一段时间才能独立生存。它们栖息于尤加利树林里，以树叶为食，白天睡觉，夜晚觅食。我们在去菲里普岛的途中，专门到一座森林公园中去看考拉。这个仅有11只考拉的公园设在森林深处，长枝交荫，重重叠叠，虬蟠鳞接，云影涛声，一方面让人感到环境优美，另一方面担心看不见考拉。碰见一对老夫妇，他们高兴的告诉我们共看见8只。我们购门票，每张5澳元，折合25元人民币。走上木桥，木桥将我们引向树林深处，很快发现了第一只考拉，接着又发现了6只。它们睡在树杈上，憨态可掬，即便与它照相也不理睬。据说有段时间袋熊皮毛贵重，常常遭受到捕猎，现在已严加保护这种珍稀动物了。

　　观看菲里普岛上的企鹅，是刘莉给我安排的重点观赏项目。世界上企鹅除一种分布在热带外，其余全在寒冷地带，如南极洲。最高的企鹅有1米，我们到菲里普岛看的是世界最小的企鹅仅有20厘米。朱莉亚·艾克菲尔女士是刘莉的研究生，她撰写有关中国唐代壁画研究，又曾经我指导。这天，她、刘莉陪着我，驱车距墨尔本140公里的海岛，沿途观看海狮。时而碰到倾盆大雨，时而红日高照，四月是南半球的深秋，但一天可碰到春夏秋冬四季天气。海狮所在的地方，悬崖峭壁，礁石嵯峨，涛泷壮猛，声如贯雷，海浪袭来，如飞烟奔云，扬珠起玉，惊心动魄。海狮栖在远远礁山上只能从望远镜中看到，而冷风骤起，我们只得放弃观看继续前进。这里可能是我涉足地球的最南端之处。

观看企鹅必须是晚上，因为企鹅有其独特的生活方式就是不间断地海中游泳直到日落西山才回窝。虽然主人提醒我们观赏企鹅要穿暖和，但还是准备不足。当我们在菲里普岛沙滩上坐下，等候企鹅登陆时，确实感到有点寒风刺骨。黄昏时，在不断汹涌的波涛中，突然发现一只小企鹅上岸，观望了一阵后，又游回大海。这时广播员以各国语言播送同一内容：这里是企鹅的家，我们人类是它们的客人，我们不能有任何妨害它们的行动，不得恐吓，不得靠近，要爱护尊重它们及其家园，不得使用闪光灯等等，充满了生态环境保护意识。紧接着，大批小企鹅上了岸，它们蹒跚而行，不畏严寒。每队企鹅约10－20多只，从海涛中出来结队而行，旁若无人。然后习惯钻入岸上沙丘的小窝里，交配、产卵、照顾幼儿。在企鹅馆参观时，公布本岛共有25634只企鹅，我当时感到诧异，等到看到每个企鹅翅膀上均有不锈钢编号牌时，疑窦顿失，对澳大利亚生态保护的水平及工作成绩真是感佩之至。这里蓝天白云绝少污染，是动植物的天堂，许多鸟类蝶类之美真是难以形诸笔墨，像黑天鹅、鸿雁这在中国不多见的珍禽，即便是在拉筹伯大学校园内也是到处可见。在国外，我每天是5点左右醒来，洗漱毕，就到周围转转看看，住在刘莉或张蓓的花园式洋房中，每日早晨漫步于千堆锦绣、百色香花之中。洋房坐落在高高低低的山岗之上，绿篱为墙，花卉满院。高出墙头的如同帷幕下垂，花坛中盛开的花朵犹如锦被，栏栅上的白花恰似玉佩，旁边簇簇丛丛的郁金香，就像给篱笆穿上了金边长裙，有的繁艳未开，有的烂漫半落，深脂红萼，妖娆艳丽，不由得使人想起唐代诗人李商隐的咏花诗：

锦帷初卷卫夫人，绣被犹堆越鄂君。

垂手乱翻雕玉佩，折腰争舞郁金裙。

石家腊烛何曾剪，荀令香炉可待薰。

我是梦中传彩笔，欲出片花寄朝京。

我们何日才能使生态环境变得如此优美呢?!

　　澳洲同样存在许多社会问题，诸如失业率高，许多硕士生只能找到公司保卫或清洁工的位置，即便是担任文书，每月也仅仅有140澳元工资。我们在动物园发现厕所里放着盛放针管的铁盒，一问才知是专为扎吗啡针者设置的。澳洲开放烟禁，因此，在有的公共场所设立所谓"安全注射室"，提供使用一次性针管，并建议应有职员监管，防止吸食过量而发生死亡。但据报端公布的数字，悉尼一地因吸食过量海洛因而丧命的人数，5年内跃升134%，市区外的死亡率更增大230%。同时在新威尔士州等地形成了全国性的两大毒品市场。在悉尼的伊拉华拉区、超前猎人区今年以来因吸食海洛因毙命的亦有43人、35人之多。最典型的是年龄30岁左右的单身汉、失业、澳洲出生、未参加过戒毒治疗。这些人中，2/3是倒毙在公共场所，如街道、公园、公共车站和停泊汽车内。

　　吸毒与嫖娼往往是一对孪生子。这里的妓院及妓女是公开的职业，向国家纳税，受法律保护，妓女成立有工会，为妓女的合法权益工作。在报刊上大登广告，什么中港佳丽、丰臀玉乳、日韩少女、玉洁冰清、胴体按摩、百依百顺、温柔多情、性感迷人、天生尤物，保君销魂；欧美金发波霸，亚太玉女天使；亚洲少女云集超性感，全套服务外加鸳鸯浴。堂而皇之，大登特登，每幅广告且有新、纯、美、艳之裸照。人权主义者对这些社会丑恶现象为什么不声讨呢?

　　23日晚，我从墨尔本乘飞机去悉尼张蓓家。张蓓原是陕西考古研究所人员，后随爱人到悉尼，已有房有车，日子过得十分舒坦，当然是历尽艰辛后才获得的。在悉尼，张蓓的丈夫马进先生陪我看了大令哈勃湾的悉尼大桥、驰名世界贝壳形的歌剧厅及悉尼塔，在悉尼塔上我们眺望了全悉尼的秀丽景色。马先生指着一幢楼房说：这幢楼近日以 1375 万澳元的天价出售了，为悉尼的豪宅物产注入了一支强心针，并让这类物业的市场再振兴起来。据说两年前这家主人是以 950 万澳元买进的。过去悉尼豪宅销售一直是低迷不景气，超过 500 万的住宅物业脱手不易，去年全年没卖出 5 座豪宅，而今年高价物业振兴会给经济带来刺激。他说，悉尼的房价已从世界第十一位上升到世界第四位，这里房价高低主要看风景是否优美，像大令哈勃湾就因是无敌海湾关系，周围房价很高。什么房子只要能看见海滩，其售价自然升高。马进说，他的住房即在海湾近旁，房子不仅保值，而且不断升值。

2000 年奥运会在悉尼举行，悉尼近这两年来投入大量资金扩建，翻新公路、车站、广场、街道等公共场所，以适应奥运会之需要。我们驱车前往奥运会场，大约距悉尼中心约 40 公里左右，主要体育馆已全部盖成，形式新颖，结构奇特，气势宏大。在会场附近专门修建新火车站一所，屋顶形式很奇妙。据说奥运会召开时汽车很难找到泊位，只有靠 2 分钟一列火车来运载观众，所以车站宽敞之极。我们到新建的游泳馆去，这里现在也是人头攒动、熙熙攘攘。他们确实是长于经营，现在已将游泳池开放、出租给学生或其他练习者使用，而在游泳池大厅里，更建有小孩子戏水池子，由家长带来，购票戏水，热闹非凡。其他场所也开放收费。从现在开始的 500天，他们每天拍卖一种奥运商品或纪念品的销售权，收入丰厚。奥运门票也开始推销，一张票最高可卖 1300 澳元，最低的 105 澳元。每澳元折合 5 元多人民币。可以充分看到澳洲人长于经营的特点。他们为了促进商业，前个时期还同意在澳洲悉尼举行了大型的同性恋节庆。这种游行在欧美我都见过，同性恋者装男扮女，奇装异服，乐队开道，音响齐鸣，热闹非凡。澳洲同意他（她）们在悉尼搞节庆，估计招来 200 万人，有力推动澳洲观光旅游，据说增加收入达 2000 万澳元。

　　总之，澳洲之旅是收获颇丰的一次出行，给我留下了深刻的记忆。

中华五千年文明艺术展进入美国

历时 150 天的纽约所罗门·古根汉姆艺术博物馆的《中华五千年文明艺术展》，圆满完成展出任务于 1998 年 6 月 3 日宣告闭幕。在此之前，古根汉姆艺术馆的现代艺术部分展，也结束了长达 140 天之展览活动。五千年展，在美国引起巨大反响，受到各界公众的高度赞誉。认为是美国"以一种全球性的、前瞻性的态度"对待优秀的中华文明的表现，为美国以至世界观众，提供了加深理解中国文化的过去和现在的宝贵机会。

展览规模空前，特点显著：一、涵盖了自公元前 3000 年至今各个时期的艺术品；二、展品来自 12 个省市地区 50 个重要博物馆、展览馆，许多展品在境外首次展出；三、古代文物中属一级、国宝级的占有比重大，带有很大的震撼力；四、珍稀的宋元山水画破例参展，改变了过去明代以前书画一律不得外展的惯例；五、强调了近年考古发掘的重大发现，对美国公众了解大陆是中华文明主体有深刻的意义；六、是迄今为止我国外展中，时代跨度最长、规模最大、展品最精、反响最强的文物展。

此展由我国前驻美大使李道豫建议，并得到了我国领导人的支持与推动。同时，美国的古根汉姆艺术博物馆，相信中国大陆一定会有比台湾更能体现中国伟大文明的艺术品，而积极策划引进中国展览。在我国文化部、国家文物局的具体指导下，中国文物交流中心与美国古根汉姆艺术馆联手承办了中美文化交流史上的这一盛举。

筹展中，古代部分"集结了欧、美、中国的展览策划人及顾问群"，人数达 20 余人之多。如国家文物局局长张文彬及外办副主任王立梅、北京大学教授宿白、上海博物馆馆长马承源、中国历史博物馆馆长俞伟超、故宫博物院研究员刘九庵以及苏黎世大学的布林科、加州大学高居翰、纽约大学的江伊莉、华盛顿大学的伊沛霞、芝加哥大学的巫鸿、弗利尔美术馆的苏芳淑、圣塔芭芭拉州大学的石曼和知名学者李雪曼等。

此展还设有一个展览荣誉委员会，荣誉主席是美国第一夫人希拉里·罗丹·克林顿。同时担任主席的还有美前国务卿基辛格、中国前驻美大使李道豫、古根汉姆基金会主席诺德·佩雷曼、美洲国际组织（ＡＩＧ）主席莫里斯·格林伯格。此外，委员会还包括美中国家关系委员会总裁、副主席、美国新闻局局长等 64 人。美国朝野如此重视这个展览是有深刻原因的。国家主席江泽民 1997 年 10 月访美的巨大成功、香港回归祖国、中国经济发展的雄厚潜力，使得中国的目前及未来都成为国际瞩目的焦点。因此，举办中华五千年文明艺术展，是美国经过深入的政治、经济的理性考量而作出的必然抉择。

尽管主办人古根汉姆博物馆馆长托马斯·克伦斯再三声明《中华五千年文明艺术展》，无意与前年台湾故宫博物院在大都会举办的《中华瑰宝》较劲，但事实上美国公众已从展品的内涵中，理解到"一个中国"的深刻历史、文化背景。因此，台湾对这次展出极为敏感与重视。他们派出了数名记者，从纽约、巴黎、法国、西班牙联合采访，对中国五千年大展，进行特别报导。台湾媒体说：这个展览"是全球华人艺术圈最受瞩目的一桩大事"，"是西方破天荒一次对中国艺术投入如此巨大人力、财力的展出"。他们警呼"中国五千年展，一场政治秀！"是"一个政治兵团"。他们说："正当两国政界，从冷战之对立解冻之际，美国的文化机构业已抢先一步，搭筑起双方文化交流管道。……文化，做为结交政治人脉之筹码，始终有其背后深不可测之企图联想。"这从另一角度客观地反映了这个展览对中美关系发展所带来的深远影响。

展览人潮如涌，盛况空前。虽遇雨雪天气，往往也出现排长队购票之情景。博物馆的组织者说：这是参观中国展览从未见过的现象。同时还说这是所罗门·古根汉姆博物馆有史以来举办展览最成功的一次。古代部分观众 35 万人，现代部分 5 万人，合计达 40 万人。当报载 5 月 31 日将结束，激起观众更大热情。展览又延长三天。6 月 3 日撤展时，观众纷纷责问为什么这么快撤展，充分体现了五千年展诱人的魅力。

五千年文明艺术展展出期间，古根汉姆博物馆为了扩大影响、深化展览效果，还推出一系列公众活动。如免费为观众提供导游及哑语翻译，中国艺术特别讲座，中国舞蹈演出，特别是每月第三周周五，为了吸引家长和 3－5 岁的孩子，在艺术教育学者指导下，讲故事，搞简单创作，以此引导儿童了解、探索中国文化、艺术品，深受学前儿童及家长欢迎。另外，还组织了《黎明：早期中国电影周》活动，放映 1926 年至 1949 年出品的中国电影，所有影片均为黑白，并配有相关字幕，默声片还请专人钢琴伴奏。这一活动在华侨中反响很大。许多几十年居住在美国的华侨均早早在博物馆大门处等候。影片勾起他们一腔思乡及对祖国的怀念之情。

由于美国公众对中国文物强烈的兴趣及爱好，也由于所罗门·古根汉姆博物馆五千年展的巨大成功，美国文博界对展出中国文物的热情与日俱增。许多美国文博界朋友都与我们研究能够办什么样的中国文物展览，办理的程序等等。纽约大都会博物馆东方部负责人方闻教授，是美国的中国文物专家，在文博界享誉很高。他与屈志仁、何慕文等先生，多次与中国随展组约谈，讨论他们拟展的"南北朝—隋唐中外文化交流展"。

目前先遣人员屈志仁、何慕文及方闻教授，将陆续赴中国进行调研，为方案实施做落实工作。

展出期间，我国人大常委会副委员长田纪云曾莅临巡视。展览始终得到我驻美大使馆和驻纽约总领馆的悉心指导与关心，李肇星大使、邱胜云总领事等都曾莅馆观展，听取了我随展组的介绍，并就展览及展览内容，发表了不少见解。邱总领事还特意致函托马斯·克伦斯，盛赞此项展览的成功和重要意义。大使馆和总领事馆文化处为展览作了大量的具体工作，为展览的成功作出了贡献。

五千年展将赴西班牙比尔堡市做巡回展览。所以撤除后，从6月6日到6月12日分批将参展文物运到西班牙。此外，本展中的25件珍贵文物将根据协议撤回国内保养，不再转展西班牙。定于6月9日起由我和周思聪将展品送到西班牙，许青松、夏志峰则将撤陈的25件文物送归北京，同时鉴定美国海关总署移交给我国的走私到美的中国文物。

在整个撤展过程中，由富有经验的迈瑞女士牵头，雇用专业技术很高的文物搬运公司负责。我们均在现场协助，并对文物提吊、挪取、支垫、转场随时提出建设性意见。文物受到极严格保护。因此，在展出及撤展过程中，至今未发现有任何损害文物的情况发生。

祖国的文物瑰宝容不得半点闪失，这是我们的职责啊！

法国希拉克总统接见纪实

1998 年 6 月 3 日，"中华五千年文明艺术展"在纽约圆满闭幕了。此时，国家文物局外事处发来传真，委派我将在纽约展出的 191 件文物护送到西班牙，参加比尔堡市古根汉姆博物馆五千年文明展。6 月 20 日抵西班牙后，即进行文物点交，并预定了 7 月 2 日取道巴黎返国的火车票。我将消息告诉给法国朋友，请安排我在巴黎的食宿。第二天接到传真："总统办公室要您提供两个时间，以确定总统何时接见您。"真是天大喜讯。我即回复从 7 月 3 日到 7 月 6 日，我随时恭候总统接见。于是接见时间定在 7 月 6 日下午 6 时。

我抵巴黎后，将受希拉克总统接见的消息不胫而走，在巴黎的法国或中国朋友，都为我能获此殊荣而高兴。有的朋友为我草拟、打印了给总统的函件，有的朋友陪我到市场选择衣服，为我晋见希拉克总统作准备。

7 月 6 日下午 4 时，我与翻译艾丽丝小姐来到香榭丽舍大街距总统府很近的一座咖啡馆，仔细研究了总统可能询问的问题，以及我将提出的建议，以避免出现不应有的翻译错误。

5 点 30 分，我们缓步走向爱丽舍宫。爱丽舍宫是巴黎一座著名的古建筑，法兰西共和国总统府所在地，坐落在巴黎市中心爱丽舍田园大街圆形交叉路口东北，与大王宫、小王宫隔街相望。这座建筑原是建筑学家克洛德·摩勒为埃佛尔伯爵设计的府第。1720 年建成，先后归蓬帕杜侯爵夫人、国王路易十五、银行家博让、国王路易十六、波旁公爵夫人所有，1793 年在法国大革命浪潮中被没收为公产，取名爱丽舍，意思是

"天国的乐土"。1815 年滑铁卢战役失败，拿破仑在此举行退位签字仪式。1848 年拿破仑三世决定把爱丽舍宫改为皇宫。1878 年颁布法令，正式规定爱丽舍宫为共和国总统府。现任总统希拉克是住进爱丽舍宫的第 22 位总统。宫墙之外有巡逻的警卫，行人均在皇宫对面的人行道上行走。我们绕过南墙，看见有两座小门，但不像接待客人的样子，于是我们绕到东门。差一刻六点，我们走进了爱丽舍宫大门。值班的门卫询问我们的身份后，即查看总统会客名单，我看见自己的名字赫然在册。他们索要了艾丽丝的证件后，就客气地让我们进入值班室的内室休息。

差五分 6 点，从主楼上来了一位身着深蓝色燕尾服的官员，引我们进入了主楼一层大厅。大厅内金碧辉煌，墙壁都用镀金细木装饰，上面挂着著名油画和精致的挂毯。在大厅的一角站立着一位身着黑色燕尾服的官员，颈上系挂着长及腹部的大银链，银链下端坠有一只椭圆银牌。事后知道这种装束的人地位很高，在宫内负责导引、礼宾之职。他缓缓地导引我们由大厅左侧长长的楼梯上到主楼二层，第二位官员引导我们进入总统会见厅。这儿与总统办公室仅有一墙之隔了。

我与艾丽丝仔细观察会见厅的布置。厅中心放置着镶嵌有鎏金铜饰件、四腿均为带翼神兽的条桌，周围是带镀金靠背与扶手的天鹅绒沙发，墙面上有法国皇室标志力士花盾及大型挂毯，这些全属 18 世纪帝国时代的文物。据说，爱丽舍陈列各朝代镀金雕刻家具 2000 件，名贵挂毯 200 幅，精制座钟 130 只，以及大量珍贵艺术品，宛如一座博物馆。在条桌上有一硕大的黑瓷罐里插满了白色马蹄莲，使会见厅显得生机盎然。而引人注目的是墙上悬挂着的希拉克与法国足球队队员的合影照片。这是 7 月 3 日法国踢败意大利队进入四强时，希拉克与队员们满怀胜利喜悦的合影照片。

　　我们静静地在会见厅等候总统接见。到了六点一刻，一位官员请我们进入总统办公室。这里的桌椅、装饰全部是路易十五时代的。希拉克由办公桌前迎了过来，我紧紧握住总统的手，感谢他在百忙之中对我的接见。宾主在办公桌前的沙发上落座后，我看到希拉克比过去稍有点发福了。这时总统问我，到巴黎有何工作，能停留几天。我一一回答。总统说他是在"中华五千年文明艺术展"刚结束的第二天到达纽约的，没有看见那批珍贵的文物。这时我送上四张拓片，作为晋见总统的礼品。第一张是西安北郊枣园南岭村汉墓中发现的直径40多厘米的大玉璧拓片。立刻吸引了希拉克的注意。他仔细询问了汉墓发现情况，并提出这璧的时代要早到战国，为什么出土于汉墓？我在惊异他对中国文物的丰富知识的同时，回答了他的提问。在看过三张1996、1997年在凤翔孙家南头秦宫遗址中发现的瓦当拓片后，他问我陕西地下究竟埋藏了多少文物。我回答仅调查发现各类遗址三万多处，有名有姓的皇帝埋在陕西的有72位，还不算秦国东陵、西陵几十座王公诸侯大墓，他出神的听着。这时，一位女官进入，总统即邀我们单独或集体与他合影留念。据说，按常规这就表示会见结束了，大约距见面时已有20多分钟了。但希拉克没有让离去的表示，他拿起拓片继续仔细的观赏，摄影师对着我们不停地拍照。

　　然后，他抬起头，竖起食指对我说："有个问题我要问您：秦始皇陵为什么至今不能发掘？"我谈了面积过大、破坏封土景观与地下水上升等原因，他表示理解。然后，他又问陵墓下是否有城墙。我回答有一圈城墙，还说"百官宫观"在陵内，就是说秦始皇及国务院都搬进去了。他连说，兵马俑确实是八大奇迹！我感谢他是把秦兵马俑命名为"世界八大奇迹"的第一人，兵马俑载入联合国世界文化遗产目录，希拉克总统功不可没。他高兴的笑了。

　　他问我考古的专长在哪个时代？我回答是春秋战国秦及隋唐。我研究秦始皇祖辈社会的政治、经济、文化，曾发现秦国陵墓、宗庙，发掘了秦公大墓，并介绍了秦国凤翔西陵、芷阳东陵情况。他问了东陵、西陵在什么地方及距西安距离，并对东陵能否发掘表示了浓厚的兴趣。

　　希拉克对隋唐考古兴致更浓。1992年他曾访问西安，我以陕西历史博物馆副馆长身份陪同参观。到了隋唐展室，他就不听我讲解了，由他亲自向陪同他出访的随员、记者讲解。我很钦佩他对中国传统文化深厚的造诣。大约就是那次，我也给他留下了印象。这次我向他叙述当日情况，并说您亲自讲解，我就失业了！他开怀大笑。这是我与希拉克结识之始，但当时他还未竞选总统，有点布衣之交的意味。

　　1997年他访华前，总统私人顾问向我转达了希拉克总统想在西安访问时，看到别人未见到的考古发掘工地的意愿。我立即向省文物局、省外办、国家文物局请示，经批准后选择咸阳机场附近一座古墓进行发掘，为他访问西安作准备。但由于法国国内形势使他缩短了访华日程，失去了这次参观工地的机会。可是总统心中老是惦记着这件事。当年10月，法国大使毛磊先生在庆贺陕西与法国联合生产空中客车支线飞机100架签约的晚宴上致词，在包括省长、市长在内的百名宾客面前，介绍我是"发展法中友谊的一位重要朋友"，许多人感到惊愕，但我想与这事不无关系。这次总统在接见中详细询问那座墓的时代、墓主、出土文物等，我回答后，他连连说是盛唐杨贵妃（时代），玄宗李隆基！他对中国唐代世系如此熟悉，对历史上的关键人物如此了解，真是让人惊叹不已。接着他说2000年将在巴黎市努乞什博物馆举行陕西省文物展，但据博物馆说，目前提供的文物目录不太满意，他问这件事可对谁说。我说要向国家文物局局长张文彬先生说。他略作思考说"我给江泽民主席写信可以吗?”我说那太好了。

这时总统兴奋的站起来,走向办公桌,拿出一个长方形木盒,上面以墨笔写着中法两国文字的"法兰西共和国希拉克总统收"字样。他边开盒子边说:"这是刚刚收到的江主席送给我的书法墨宝。"他小心地取出一幅条轴,缓缓打开:

床前明月光,疑是地上霜。

举头望明月,低头思故乡。

诗后自题一行:"遵嘱书录唐代大诗人李白静夜思一首希拉克总统鉴赏"

款署"江泽民一九九八年六月二十二日",钤江泽民朱文印,幅前钤"九十年代"闲章一枚。原来是江主席书赠给他的一首唐诗。

江主席字体宽博朴拙,圆健雄浑,力聚笔端,气韵沉实,看得出希拉克极为珍视。他婉辞了我的代劳,亲自仔细卷好条轴,系上带子,装入木盒,并说,我与江主席私交甚厚,常有书信往来。每次见面我们都要谈论唐代诗歌、中国历史。江主席对法国文学、历史也是如数家珍。此刻我体会到,正是因为两位领袖对友邦的历史、文化有着深刻的理解与喜爱,对多极化世界有着共识,两国才能迅速地建立全面伙伴关系,使中法关系进入一个新的发展时期。两位领袖的历史作用是不言而喻的。

希拉克对中国文物的喜爱是真挚的。他说,两周前去美国开会,他抽了半天时间专门去看纽约大都会博物馆里的中国文物,包括新展出的中国丝绸,对大都会博物馆东方部主任很钦佩。他说方先生陪他看了五个小时中国文物,真了不起。他又说上海博物馆送了76件青铜器到巴黎展览。为了回报,巴黎努乞什博物馆将把该馆所藏最好的一件中国青铜器珍品送到上海博物馆展出。希拉克说:"开幕时我将亲自讲解这件青铜器。"

接见已持续了近一个小时了，我赶快向希拉克提出是否可联合研究洛南旧石器遗址及秦东陵发掘等问题。我说，中法历史悠久，法国在文物保护、旧石器时代考古方面，走在世界前列。现在法国每年给中国 300 个奖学金名额，但全部集中在科技方面，能否在文博考古方面增加一定名额，并希望有 2－3 名专为陕西考古设置。总统很重视我的建议，立即起身走到办公桌旁拨通了电话向有关方面了解，但这时已是下午 7 点多了。他回到沙发后说，待他了解后予以答复。

在告辞前，我提出能否用我的照相机与总统合影。希拉克爽快答应，并亲切地搂着我的肩膀，拍下了令人难忘的一张照片。我向总统递上早已写好的信件并说："总统对我的接见，不仅是我个人的殊荣，也是对中国考古文物事业的关怀，我非常感谢！"希拉克紧紧握着我的手告别，并特意让我转达对马承源馆长的问候！

接见持续了一个小时，到 7 点 15 分结束。

大英博物馆漫纪

　　大英博物馆是举世闻名的博物馆之一。她是全球第一座对公众开放的大型博物馆，目前共有 94 个展室，藏品达到 700 万件，涵盖了古代中亚、伊斯兰世界、非洲、埃及、中国、日本、朝鲜、南亚、大洋洲、文艺复兴与近代欧洲、中世纪欧洲、现代欧洲、希腊世界、罗马帝国各个国家各个时期的收藏，在世界博物馆界占有特殊位置。

　　1999 年 9 月 28 日－12 月 15 日，随陕西文物精华展进驻大英博物馆，多年之夙愿总算了结，同时也加深了对大英博物馆历史与现状及未来的了解。

　　大英博物馆创始者是汉斯·斯隆（Hans.Sioane）爵士，他是一位医生。年轻时曾在牙买加工作，著有《牙买加植物录》一书。他是鼓励世人接种牛痘，防止天花传染的第一人，也是提倡人们喝巧克力牛奶而健身之首创者。斯隆爱好收藏，藏品有货币、勋章、绘画等各类文物，可以说包罗万象，为大英博物馆的藏品奠定了深厚的基础。他出生于 1660 年，享年 93 岁，1753 年临终前将 79579 件文物藏品无偿捐赠政府，并希望在此基础上，为大英帝国创立一座国家级博物馆。政府因此发行了全国性彩券，以募集财源，筹建博物馆。于是，在当日伦敦市郊之北，买下蒙塔古旧宅，作为博物馆的原始馆址。经修缮增建后，大英博物馆就于 1759 年元月 15 日正式对公众开放。博物馆现今所在地，是位于伦敦心脏地带，当时的市郊已变成今日之市中心了。

　　200 多年来她维持了一项很重要的传统，就是不收门票。

任何民众均可参观。但最初参观时，需要先取得许可，每五人编一组，在专人带领解说下参观，并限制在三小时之内。现在，在南、北大门放置捐款收集箱，上面写着希望每位参观者自动投入2英镑的提示，以支持博物馆事业。据我观察，大约有1/3的观众主动投币，大多数径直而入。

大英博物馆的藏品收集一直依赖私人的捐赠及遗赠。目前大宗捐赠不多，主要是大英博物馆在社会上吸收企业家或其他人员加入基金会，依靠集体力量收购某些重要文物。如近日："亚洲艺术周"活动中，基金会为其价购元代英宗至治元年（公元1321年）花卉昆虫长卷一幅。卷首有尚宝司卿程洛篆书"乾坤生意"四字，题款为"至治元年孟春楚芳为达善画"二行行书。楚芳、达善均不见史传，图中五簇花卉、蜂蝶、昆虫围绕其间，花卉艳丽，昆虫精妙，卷后有松华道人、陈源、陈植、冯勉、袁诚五人作诗题跋，陈植诗曰：

唯虫能无固尔性，亦名自利争纤微。

纷然变化孰可测，皆出于机入于机。

而袁诚之诗作颇长，开首多"浓艳里"三字，知前面诗句有残缺，余句为：

………………，蜻蜓乱点方塘水。

饮露玄蝉自高洁，勾股螳螂势雄峙。

螳螂之势何足奇，黄雀在后良未知。

横行妄作奸雄者，回头视此应三思。

花间蝴蝶无足数，翩翩只任风前舞。

颠狂缭乱无定时，好与轻浮少年伍。

可爱蜻蜓款款飞，尤爱玄蝉栖一枝。

无求自足两清洁，不比红尘污浊口。

良工绘此真有定，观之亦可观世味。

世味纷纷似此图，岂特闲中清玩器。

后有"宁波袁诚"四字。

11 月 26 日一天之内，我在大英博物馆作三场讲演，第一场是从 8∶15 分开始的，在讲演场所见到伦敦大学教授韦陀先生。他刚从美国归来，在美国作了四次讲演，其中有一次是元代花卉画。我即说，大英最近收购元至治元年之花鸟画并谈到题跋有缺，他告诉我这是他几年来建议大英博物馆收藏的。前面所缺诗句，北京有一早期摹本可补。这幅元代花卉收购后，于 11 月 22 日晚，在馆内举行酒会，向基金会会员展示该画，并由东方部绘画专家龙安妮副主任予以介绍，以感谢会员们对大英博物馆的支持。建馆以来，捐资在 100 万英镑者有不少富豪。此类捐资者均在大英博物馆正门左楼梯的大理石墙面上，从 1753 年至 1999 年刻名填金以示纪念。除了这些外，该馆还得到文化遗产六合彩基金会、国民文化遗产纪念基金会、国民艺术品收藏基金会以及大英博物馆基金会的支持。

大英博物馆也利用各种机会为自己筹措资金，如在陕西省文物精华展期间，利用这个展览每周组织 2－3 个晚会，为上层人士开设晚间专场，略备酒水，专场参观，专题讲演，每场每张参观券分别售价 12、15、50、200、250 英镑不等。11 月 18 日组织的一场晚宴，除参观券 200 英镑外，晚宴每位 250 英镑，女王的表妹即购 12 张，邀亲朋好友出席，实则为大英博物馆予以资助。据说这个晚间专场得到资助 20 万英镑。然后全部拨交该馆教育处，作为发展亚洲艺术宣传教育之经费。伦敦人士对这类活动趋之若鹜。这是修养、地位、声誉的象征。不收门票，但特殊展之招待券价值很高，这种筹资办法在英国是可行的。

大英博物馆创建之初，由于时代风尚的缘故，观众较有兴趣的是自然史之陈列，同时对古典希腊、罗马文物也兴趣浓厚。欧兰多（Ayunclel）爵士是古典艺术品的主要捐赠者。此后，博物馆开始了古典文物的收购，首件文物是古希腊陶瓶，是从英国驻那不勒斯的总领事汉密尔顿（Hamicon）先生手中购买的。他把装满两船的希腊陶器运往英国。英国政府还花了2万英镑向收藏家查尔斯·汤恩利（Charles Townloy）购下他所有的希腊罗马艺术品。价购著名的艾尔金（Ord Elgin）爵士的雕像群是大英博物馆收藏史上一件大事。1799年艾尔金被英国派驻奥斯曼帝国君士坦丁堡（今伊斯坦布尔）任大使，他发现希腊的帕苔农神庙之雕塑群放在兵工厂中。帕苔农神庙是供奉雅典城女神雅典娜的神庙，建于公元前5世纪中叶。建筑师是伊克蒂诺拉和卡里克拉斯，所有雕刻由著名雕刻家费迪厄斯监督完成。出于对这批文物之爱好，他与土耳其当局交涉，获准可将他认为有价值的石雕由现场搬走。1816年英国出价3.5万英镑巨资，买下了这批称为"艾尔金雕刻群"，并开辟专室陈列。1997年，我在雅典卫城参观时，对帕苔农神庙著名雕刻之丧失一直感到很痛心。三年后却在大英博物馆见到这批古典雕刻群。我多次来这里独自观摩、鉴赏。那些石雕的古典美给人的喜悦与震撼是难以形诸笔墨的。就在我写这篇漫记时，即11月20日晚5：30，电视中播放着美国总统克林顿访问希腊参观卫城的镜头。希腊电视台并报道说：克林顿已答应希腊要求，准备帮助希腊从英国讨回这批瑰宝，这是世界文博界的一件大事。因为英、美、法、俄、日各大国所藏的世界各地文物，或通过价购、或通过掠夺途径获得的。过去各收藏国均以价购为由，不同意将文物归还其母国。如果希腊帕苔农神庙的文物可以归还，各大国应归还的文物比比皆是，恐怕许多驰名世界的大馆重要藏品均要物归原主，中国也将收回流失于海外的无数珍宝。我对这则新闻兴奋不已，但也知道实现的可能性几乎很小。我们将对克林顿如何行动拭目以待。著名的希腊艺术还有摩索拉斯陵墓，它是给卡里亚国哈利卡苏斯城统治者摩索拉斯在爱琴海岸建造的。有许多艺术家和建筑师参加，被称为世界七大奇迹之一，现这个陵墓已只剩下在大英博物馆陈列的这些战斗场面及马、狮与摩索拉斯的大理石雕像，显得特别珍贵。

在古埃及文物中，更为著名的是公元 196 年镌刻的罗塞塔石碑，这通碑已残破，出土于 1799 年。质地为黑色的玄武岩，上面刻有古埃及文、象形文字及希腊文三种对照文字。由于拿破仑的军队在埃及的溃败，使得这通碑与一批埃及文物落到英国手中。许多专家以希腊文破译已死亡的象形文字，找到了研究古埃及历史、文化、文字的一把钥匙，因此是最具有吸引力的文物。在尹依依小姐导引下，在一个特展室中找到了。大英馆把它的高度与形状都进行了复原。原来它是一通圆头碑，高约 155－160 厘米。现在博物馆依照它的形状制成鼠标板，作为大英馆最具特色的纪念品出售。把最古老的文物与最现代的电脑联系在一起，真是妙不可言的创作。

19 世纪晚期，人们对圣经地区考古发生狂热兴趣，大英博物馆此时也参与考古发掘工作。1845－1855 年的亨利·莱亚爵士曾在美索不达米亚地区的伊拉克发掘出大量的大型石质文物，现在在陈列室中就可看到四只巨型的人首带翼的公牛，原是亚述帝国都城的大门外守护神。1811－1820 年克劳丢斯·里奇（Clalldius Rich）在巴格达收集了圆柱形封印、字砖及碑刻，为巴比伦和亚述文物的收藏奠定了基础。他们还通过各种运输渠道与工具，将埃及人面狮身像运抵大英博物馆。每一个单体文物的重量均超过 10 吨。高达 3 米的红色花岗岩质，公元前 14 世纪之阿梅诺菲斯三世的头像，公元前 13 世纪拉美斯二世巨大头像，均是埃及馆中让人注目的艺术品。在亚述帝国图书馆遗址发掘中，大英博物馆得到 2.5 万片泥板。这大约是一种书籍，每块泥板上刻着楔形文字，是研究两河流域的重要实物证据。

文物愈来愈多，蒙塔古馆址已容纳不下了，1850年按照罗伯特·斯默克先生的设计，改建了旧馆，大英博物馆变成了今天的模样。博物馆有两次大分离。第一次将自然史文物藏品的剥离，那些都是16世纪欧洲人横渡大西洋携带回来的许多动植物标本，是他们认识世界，走向世界的见证。但由于与历史文物不同性质及馆舍日趋狭窄的缘故，1880年这批自然史标本被迁到伦敦西部的南肯辛顿，腾出了40%的场地。原来图书与文物同在一馆收藏，乔治一世、乔治三世是非常爱看书的国王，而二、四世都不读书。乔治四世将王室85000册图书、书稿捐赠给大英博物馆。随着时间推移，人们要求将这批珍贵书籍划分给专门机构管理。于是在博物馆附近建立了新的国家图书馆。11月4日我们参观了这座非常现代化耗费5亿英镑的世界著名图书馆，见到这批王室书籍被放置在图书馆中心部位的四周镶有玻璃的书架内，极为壮观，达到既可陈列观赏，又可实际查阅的要求。经凯柔教授介绍，我认识了吴芳思博士，英籍，一口流利的普通话，与中国文物界很熟悉，对中国古代园林有深入研究。她导引我们对全馆进行了参观，我对该馆敦煌艺术藏品很有兴趣，这是斯坦因从敦煌窃来的部分艺术品，另有部分据说留在印度，一般人很难见到。于是提出办理进出证件的要求，吴芳思博士慨然应允。第二天我与张彤先生在吴博士的陪同下，仅用半小时就拿到出入证，证号是320165，内心里充满对吴博士的敬意。这里是不分国籍免费阅读资料，所以，在伦敦无接待任务时，我常去该馆翻阅资料。而在大英博物馆附近的伦敦大学图书馆每次进入需要划卡交费6英镑，折合人民币80元之多。台湾来读博士学位的赖伊缦小姐送我进出卡及复印卡各一张，解决了我在伦敦大学图书馆查阅资料的问题。用几分钟时间就从我的住地可到伦敦图书馆阅读国内看不到的许多书籍，这也是我在伦敦最惬意的一件事。

大英博物馆展线上的文物达5万件，密集程度很高。徜徉在这些瑰宝之中，目不暇接，联想浮生，但我的主要精力还是集中在对希腊、罗马、埃及、阿拉伯以及古代欧洲的金银器研究上。这里有着大量的在其他馆中很少见到的各类金银器，数量多而制作精，是极难得的学习机会。通过凯柔教授的联系，大英博物馆安排了几位专家给我讲解，开放有关库房观摩未曾上展的文物，着实令人感动。DR.JD.Hin教授史前欧洲的讲解，使我知道最早的欧洲金制品是公元前2000年与青铜器同时出现的，产地是威尔士、爱尔兰，直到现在英皇室结婚戒指仍用威尔士的。他们和中国一样，最早出现的金制品是金箔，是发现在苏格兰一座墓里的护肘。金器一出现，工艺就很精美，在英国康沃尔郡里拉顿的一座约公元前1700－前1400年的窖藏里，发掘出一宽带弦纹的单柄金杯，纯度很高，是欧洲这个时期仅存的三件之一。在威尔士还发现名叫"努月拉"的肩饰、项饰，也是公元前15世纪产物。奇怪的是公元前1400－前600年，墓葬中再未发现金器，但却在有的河底发现许多金制品，说明不用来殉丧，可能用来祭祀，专家认为与宗教有关系。我们在库房里见到近几年在诺福克郡斯内蒂瑟姆发现的一座窖藏里的金项圈。项圈很大，属公元前1世纪，是凯尔特人的特殊装饰物，很重，用粗壮的8股金索绞合而成，每一索又是由8根金丝绞成，两端用铸造的带有花纹的厚重金环焊接铆封，然后盘曲成项圈，造型庄重，工艺惊人。

11月18日大英专家又向我介绍了中亚金银器。这里最早的银器出现在公元前2500年，比世界各地都早。银的熔点比金高，所以金器生产一般比银器早得多。我国殷周时代就有金制品，但真正出现银器皿是到战国时期，公元前5世纪。这里银器早出原因，估计与美索不达米亚银矿丰富有关，这类早期冶银作坊遗址屡有发现。这使我联想到唐代以前就从中亚进口密陀僧来医治外伤。密陀僧就是炼银之渣块，说明这里冶银历史极为悠久。我们重点看了在撒马尔罕以南阿开敏地方于1880年发现的奥克苏斯（OXUS）窖藏文物，时代为公元前5世纪－前4世纪，有各种金银人物立体铸像，还有金银镯、金银碗、杯以及金制的鸽、鹿、鸭等禽兽形象。最精美的是饰以两只跳跃着的鹰头狮身带翅兽的金手镯，还有大约长10多厘米的四乘纯金车、有驭乘者二人，系驾关系清楚，是了解公元前5世纪车制的好材料。但其他黄金制品多素面，很少有纹饰。大英博物馆近年收购公元前5－前4世纪大型素面银盘，表面抛光极亮，经X光照射，锤鍱痕迹历历可辨，知为真器而价购收藏。在现今伊拉克地区内的出土文物中，发现公元前5世纪那里也使用金筐宝钿工艺；大约在公元前2世纪相当我国汉武帝时代，波斯银碗口沿及内壁中部的二方连续图案上，出现鎏金工艺，这可能是两河流域最早的鎏金工艺，在世界居领先地位。到公元6－7世纪出现黄金铸造的带铐，其方铐四周焊炸珠一圈，这种铐形制及工艺对中国唐代带制有较大影响。

11月19日下午，我在大英博物馆专家陪同下，在埃及文物库房观赏了将去美国展出的公元前1900年－前30年的金银珠宝器物。一件公元前1900年的金银合金腰带引人注目，黄金铸成的小件饰与嵌银松绿石及一种叫考尼列的半宝石，与小金饰件缀合编组成一条腰带。它有一件坠子是公元前1400年的，但都使用了简单的金筐宝钿技术，比两河流域早了900年，都是从埃及北部的卢克索出土的。见到铸有3个猫的金手链，专家说狮子是皇帝的象征，猫是埃及皇后象征，因此知道这件公元前1580年的手链是埃及十六王朝时一位皇后的。一只公元前 19－前 18 世纪磨光的金蚌，古埃及人佩戴它是为祈求好运的。埃及的手饰纹样都有自己的寓意与作用，如出现龟、蛇装饰是为了让龟、蛇这样动物远离自己，戴着鱼的纹样手饰是为了过河不被淹死等等。在法老的戒指中，常见一种甲虫戒，戒面上刻有咒语，活着时候不能戴，只能在死后戴。古埃及认为甲虫是一种容易复活的昆虫，人死后戴上是为祈求复活之意。由于埃及没有银矿，银是从中亚进口，所以银器制作较少，包括青金石也是从中亚进口来的，有一枚镶着青金石的大金戒指，我顺手在左手中指试戴了一下，陪同观看的研究埃及女专家开玩笑说，若卸不下来，就得砍下您的手指放在仓库里。

　　11 月 29 日，在 Leslier Webster 女士的陪同下，参观了英国东部萨乔胡出土的船棺葬中一批金银器。时代为公元 625 年，是经 1938－1939 年、1965－1973 年两次发掘的；12 月 2 日又听了 Curator 先生讲解英国罗马银器。

　　11 月 22 日下午，我在龙安妮女士的陪同下，进入大英博物馆版画、绘画库房。1900 年敦煌发现藏经洞的消息不胫而走，1907 年斯坦因在敦煌捆载走大量经卷文书的同时，还获得五大箱艺术品，其中包括 500 余幅绘画，150 多方织绣，王先生与王亚蓉女士曾对这里的丝织品进行拍照。我对大英博物馆的最初印象是从他们那里得到的。斯坦因从敦煌窃来的文物除部分留在印度外，绝大部分收藏于大英博物馆。但大英博物馆未有系统性的出版物予以介绍，因此，我向大英博物馆提出要看这批文物的要求，负责研究整理的龙安妮女士答应了我的要求。她所管理的库房有唐代版画 50 张，全系斯坦因窃来的。首先看到的是五代大圣毗沙门天王版画，纸本，雕版印刷，画顶左右各有一纸绊，画可以插入木棍挑起。版画中天王执旗托塔，头顶华盖，脚踏小鬼，左有二鬼，右为供养女，画面与发愿文以界栏分开，约高52厘米，发愿文为："若能发意求愿，悉得称心，虔敬之徒，尽获福祐。弟子归义军节度使特进检校太傅谯郡曹元忠，请匠人雕此印板，惟愿国安人泰，社稷恒昌，道路和平，普天同乐，大晋开运四年丁未岁七月十五日纪"。开运为五代后晋出帝石重贵年号，但只有三年，雕板之时，已是后汉高祖刘知远的天福元年（947年），地处边鄙，消息不通之缘故也。曹元忠还制版印观音像。归义军节度使押衙杨洞芊也舍资雕有类似的雕板，可见五代崇佛的时尚。唐五代雕版印刷的菩萨像很多，其中见一填红彩的菩萨像，从云朵特征看应为晚唐之物。另外还见到太平兴国五年六月二十五日雕版印刷的大随求陀罗尼神咒。施主为李五顺、雕板王文诒。中刻大随求金刚像，四周雕满梵文咒语，发愿文说将此神咒戴在头上或臂上，会保佑能成一切善事。这种密教神咒在西安、凤翔也曾发现过，但时代稍早。还有一本"佛说阎罗王授记"经，大约为明代穆宗隆庆雕板。有一函《养正图解》，系丁云鹏绘画，黄镶雕板，刻工极精细，甚为难得，是明万历二十二年为皇子编撰的课本，内有"寝门视膳"、"膳斥鲍鱼"、"赈贷贫民"、"丹青受戒"、"听朝四辅"、"桐叶封虞"等内容；还看到《十竹斋书画谱》、苏州拱花五彩版画，均是极难见到的版本。龙安妮说正在加紧整理，逐步出版介绍。隔了几天，又在凯柔陪同下，见到了东晋顾恺之《女史箴图》，对于这个摹本的时代看来还需进一步研究。

　　1920年大英博物馆首次建立专门使用科技的研究小组，对文物进行定性分析，利用微量元素研究产地及贸易路线与关系。1926年委任了该馆第一位维修专家，他们认为维修部门将增强博物馆的生命力，也使博物馆从古典鉴赏式走向现代科学保护的道路。所有的展品随着时间推移都会在质与量上出现问题，这就愈显维修部门的重要性。大英博物馆曾展出公元前

20世纪罗马帝国奥古斯都二世时的一件玻璃瓶。瓶有两层，里层为深蓝色，外层为白色。在外层剔雕出花纹，然后将白色玻璃减地处理，白色的人物保留下来，衬托于里层蓝玻璃上，格外漂亮。这就是驰名的"波特蓝"瓶。1810年展出，到1845年有一神经病观众，用拐杖将它敲碎成200多个碎片，维修专家道布尔戴当时就用粘合剂将它复原了。到了1988年因粘合剂老化，瓶子再度粉碎。威廉斯用硬化树脂（FXPX-CY）再度复原了这个艺术品，并专门拍摄了电影，详细记录了每个步骤。如果几百年后粘合剂又老化粉碎了，他们就可以根据电影记录再复原。另外，该馆科学化的标志，就是拥有许多先进仪器设备，他们在1950年就拥有全套碳同位素设备。有件中美洲的艺术品，从外观看已有一千年历史，但通过光谱分析则是近代伪作。他们还用热释光技术，识别陶器的真伪。

　　求新求变是大英博物馆的特色与信念，他们在展线上的文物有计划的实施展品轮流，隔1－2周就撤旧换新，并有专人负责此项工作。我在早晨上班走过阿拉伯展厅时，就多次见到斯蒂文先生、苏菲、詹妮等女士，推着小车撤换展线上文物，以保持展品的新鲜感。他们征集收购文物也遵循这个原则。历史的、古典的文物他们积极收购或接受捐赠，但有人捐赠近几年上海某厂出产的玩具军旗、象棋，他们也同样欢迎。东方部以同样负责精神登录、编号、入藏。在中国展室的展线上，人民币的5分、2分硬币，现代的冥币都展出，他们说是要人们了解一个活的中国、一个现代的中国，这和我们的博物馆在思路上是不同的。他们在世界各地从未停止过收购眼前的各类艺术品，如20世纪70年代曾在中国购买一大批当时的瓷器，瓷器上有毛泽东语录、样板戏红灯记人物、红卫兵形象等时代烙印，收藏界称其为"文革瓷"。现在在欧洲古董市场上售价很高，但当时只用微不足道的资金就可买到。东方部仓库的柜顶上有一只大青瓷盘，我问什么时代的，他们说是 1992 年从韩国买到的。这种收藏思想与方法很重要，使这个博物馆始终保持了藏品连续性。通过保存这些文物来记录不同文化的变化，或许对我们有启示作用。

在大英博物馆期间，最值及一提的是 10 月 21 日江泽民主席与英国女王伊丽莎白为"陕西文物精华展"剪彩。陕西省委书记李建国一行及随展组成员早早就等候在展厅内。女王夫妇随同江主席进入展厅剪彩后，李建国书记即陪同两位元首参观。我是随展组组长，被安排在西安何家村出土的金银器展柜旁边。当女王及随行大臣走过来时，江主席向女王介绍"他是考古专家，这些文物是他们发掘的。"女王与我握手致意，大家都很感奋。两个多月的时间很快过去了。2 月 15 日晚，罗伯特·安德森馆长设宴招待陕西随展组成员，英方参与金龙展的主要人员也出席。在晚宴上，安德森和我都发表了简短的讲话，对陕西文物精华展取得的成就，双方都表示满意，同时均认为这只是陕西与大英博物馆合作的起点。在金龙展刚布置完毕时候，凯柔教授已与我商谈罗马帝国与汉王朝之对比展，她拟定将在 2000 年 10 月左右到西安具体商谈此事，我即向陕西省文物局转达了她的这个意向，大家均表同意。在晚宴上，安德森馆长提出上海博物馆的古埃及展是否可在西安展出，紧接着就提出下世纪大英馆与西安是否可举办中国－罗马比较展，此提议立即得到十几位中英专家之赞赏。大英博物馆每年利用自己的展品举办大小 20 多个展览活动，有的还是影响很大的国际展览。陕西每年也对外有 4、5 个外展，而属于与罗马帝国同期的文物在考古发掘中也不断发现，举办这个展出，事实上是发挥了陕西与大英博物馆的文物优势，我想这个展览一定会受到中外人士欢迎的。

2003 年是大英博物馆 250 年馆庆，这是世界博物馆界的一件大事。博物馆迫切需要扩大空间来满足新世纪如潮涌来的观众。1973 年前的每年 240 万观众到 1996 年已增至 670 万。所以在 1993 年，他们已由诺曼·福斯特（Norman Foster）爵士拿出了一个规划设计，新增建一个投资 1 亿英镑专为成年人和儿童服务的大型教育中心。面积约 2 英亩的教育中心大厅，完全在玻璃大罩之下，规模宏伟，形式新颖，设备先进，预计 2000 年底建成。他们还为民族馆新建了展厅，在馆内开放了更多的卫生间、餐厅和商店，更好为观众服务。同时还在博物馆前门建立一个研究中心，让观众可以看到古代艺术品如何加工，并陈列保存史前—罗马时期不列颠馆、民族馆等未上展线的文物。这些宏伟的改建、扩建、新建计划，正在积极落实，分别于 1999 年到 2000 年完成，然后对公众开放。我深信大英博物馆既是全球历史最悠久的，也是最富有朝气的世界顶级大馆。

沉甸甸的澳大利亚博士帽

2000 年的 8 月间，接到澳大利亚拉筹伯大学研究中心的邀请函，告知将于本年 11 月 3 日到 11 月 23 日，接待我与妻子阎潜楣一同来澳，进行专题研究。他们将提供往返机票、住宿，但不供给吃饭费用，考虑到伙食费用并不昂贵，我们决定接受主人这个盛情的邀请。

我因属于公派，在 10 月上旬已全部办完一切手续，而妻属因私出国，又逢国庆节及奥运、残运在悉尼举行，去澳的签证极困难。经拉筹伯大学主管副校长与陕西签证部反复催促，终于在 11 月 3 日上午到澳洲大使馆直接取到了签证。然后就是紧张的对换外汇。惠钟仪女士在雅宝路中国银行旁的泰国餐馆为我们饯行后，即驱车送我们抵达北京空港，距起飞仅余 1 小时了。

我们乘坐中国民航飞机，经广州出关，直飞澳洲，前后大约 13 小时，于 4 日当地时间早晨 7 时抵达墨尔本，陕西省考古研究所在这里读博士生的王社江夫妇已等候在接待大厅中，我们出了关，取了行李，即与社江相见；稍等一阵，原考古研究所人员，现为拉筹伯大学考古系的高级讲师刘莉博士，亦携其女儿维给驱车前来迎接，两部车一前一后，驰往研究中心。

中心在大学的北面，距考古系步行约 20 分钟即可到达。我们来到墨尔本，正值莺飞草长、百花争妍的初夏。中心招待专家的别墅，均已整修一新，乳白色的屋子，被四周如茵草坪及参天乔木包围着。草地及树梢有各色鸣叫的异鸟，婉转悦耳，令人心旷神怡。尤其每日早晨能听到"叮、叮"的暂短、清脆的鸟鸣，经询问才知是澳大利亚的国鸟。它的两翅像竖琴而叫声又似清纯高亢的琴声，故称其琴鸟或铃鸟，深受澳人之喜爱并引以自豪，在草坪上还能见到黄冠白鹦鹉这样的珍禽，环境如此优美，确实令人深感澳大利亚对生态保护给予的极大重视与巨额的投入。

今年7月份拉筹伯大学常务校长奥斯本·麦克尔先生与考古系主任蒂姆·马瑞先生在中国访问时曾经询问我是否有意接受大学授予的荣誉博士称号，我做了肯定回答后，并送上我的著作目录及个人简历，但总以为是可遇不可求的事，并未刻意放在心上。可是他们回去后，立即进入授予荣誉博士学位的一切必要程序的运作，并获得了大学学术委员会的授权，同意向我颁发证书。这一切他们并未告诉我，发来的邀请函也一字未提，直到10月中旬接到刘莉博士传真，要我提供身高、腰、胸、头围的尺寸时，我才意识到这件事情一直在持续的进行着。中国社会科学院考古研究所的李信伟、河南省文物考古所的马晓林两位先生，也在拉筹伯大学读博士生。他们说：校长从中国回来后，他们就知道这个消息了。

常务校长奥斯本·麦克尔教授，是研究希腊考古的。他的硕士、博士学位，分别从牛津大学、比利时的吕文大学获得，他还有比博士学位更高的"赖特尔"学位，既是哲学又是文学博士，这个学位是在吕文大学进行公开的社会性答辩才获得的。这在学术界只有很少人才能获得。他既是一位学者，又具备极高的管理才能。而作为考古专家担任一所著名大学的校长，大概在世界上也是绝无仅有的。拉筹伯大学在他的领导下，有了长足进步，在全澳的40所高校中，名列前茅。校董会对他的管理极赞赏，去年又与他签了七年的合同，就是说到2006年前，他将继续领导着拉筹伯大学。不仅如此，他是全澳大学联合协会的主席，负责全澳大学的合作事宜，经常率领全澳大学校长赴中国访问。在我与他的交往中，深感他知识渊博，待人诚恳，对中国充满友好之情。他在管理学院中设立为中国培养高级人才 MBA 专门班，目前还培养来自沈阳、上海的中国人员。他曾多次到北京、上海、广州、昆明、哈尔滨等地，因此，我力邀他来西安参观访问。今年 7 月之行，使他对陕西有了深刻印象，秦始皇兵马俑、铠甲坑、汉阳陵、唐乾陵、法门寺等遗址、遗物为他闻所未闻、见所未见，大感兴奋，他又与我多次谈到中国古代与希腊的关系，我就考古发现陈述自己看法，亦使他大感兴趣。他目前正在组织人力，准备将古希腊的碑刻文字全部搜集编辑成册，这将是希腊考古中的一项系统性的浩大工程，我深信不久会问世的。

11 月 14 日，他从首都堪培拉匆匆赶回墨尔本，假座墨尔本最有名的"花鼓"中国餐馆，与他的夫人以及人文学院院长夫妇、蒂姆夫妇、刘莉夫妇一块，为我与妻子举行了欢迎晚宴。这里陈设高雅，饭菜质量味美，价格亦昂贵，听了让人咋舌。席间，他特意与他人交换坐位以便与我交谈。他问了我们来墨尔本的起居及打算，又询问给我赶制的博士袍服是否明日能作出来，处处流露着对客人的照顾与尊重，着实令人感动。

11 月 15 日早，刘莉驱车将我们接到蒂姆办公室，然后在 10 时我们共同向学校活动中心走去。活动中心是一座坐落在湖边绿荫中的建筑，湖中鸿雁戏水、黑天鹅游弋，景致极佳。进入中心后，即有专司袍服的女士，引我到一处屏风之后，让我试穿特制的衣服。试衣间中，挂着各式各样的博士服装，原来都是今日将上台就坐的大学者们自己携带来的。国外各大学均有自己设计的学位袍服，了解内情之人，均能依照袍服颜色或样式指明其博士出身的母校，各校袍服均设计精绝。我的袍服外为朱红色，全系细羊毛织物，内为银灰色的绸缎里，褒带则呈风帽形，内外与袍服同色，惟有环形长带之端有一扣门，将其扣在衬衫的第二钮扣上后，即将"凤帽"垂于背后。袍袖宽大，袍之襟襴均为银灰缎边，显得落落大方，鲜艳夺目。据说该校给南非总统曼德拉授予荣誉博士学位时，也是这种特制袍服。校长说，这件袍服荣授典礼完成后，即归您个人所有，是拉筹伯大学赠予的。而不是像其他博士只是在举行典礼时临时租赁，典成后即归还。在试戴帽子时，才知道这身袍服及帽子全系英式的。因为，英式博士帽是圆形的，而美式是方形的。从装博士袍服的纸箱上，可以看到要求加急赶制以及高昂价格的字样，这一切都感人至深。

10 时 30 分，所有应着袍服的学者均在几位专司着装的女士照料下，穿戴就绪。校长则穿着校长袍服，站在队列最前端。这时，仪式的引导人示意大家肃静列队，导引众人分左右两路在背景音乐伴奏下，步入扇形会议厅。大约有近百名学者起立，注目由礼堂左右两侧徐徐进入会场的学术委员们。今天在主席台中央就坐的为常务校长奥斯本·麦克尔，在其两侧及后排列坐着副校长麦克道尔、副校长萨尔孟德、副校长史密斯、副校长斯达克里、副校长兼院长达克特、副校长福尔格森、副校长兼院长克尤马尔申、高级秘书比薛波，执权杖者史蒂芬森、历史系教授兼翻译白慕唐先生。他们大多数同时又是学术委员会的成员。来自欧美、英伦、澳洲各色博士袍服使得主席台上花团锦簇，蔚为壮观，他们的出席充分显示了拉筹伯大学对于这次荣授典礼的重视程度。许多人说，如此庞大的阵营，在过去荣授典礼中是少见的。而坐在扇形礼堂的近百名来宾除考古系外，多为分校校长、各院院长及系主任级别的教授，在平日亦属罕见。我即被安排在紧靠校长右侧的前排就坐。议程中有奏两国国歌，显示了澳方将这次荣授典礼视为国际间重大交往活动。

这时，史蒂芬森教授手执金色的权杖缓步走向主席台前，将权杖放置在主席台前专设的杖座之上，表明了此次荣授典礼具有充分的权威性。背景音乐戛然而止，奥斯本·麦克尔校长宣布典礼开始，全体与会者起立，大厅里奏起澳大利亚、中国的国歌。我怀着赤子之心情倾听着雄壮的响彻大厅的中国国歌，内心无比激荡澎湃，眼泪几乎夺眶而出。然后，由考古系主任蒂姆·马瑞教授详尽介绍了我在考古事业中取得的成就，以及为中澳两国在考古方面的合作与发展所做的努力，提请校长授予荣誉博士学位。校长奥斯本·麦克尔即将荣誉博士证书郑重地授予我。荣誉博士学位证书，长约45厘米，宽约30厘米。大红底子上方，有烫金的拉筹伯大学校徽，徽首为振翅欲飞的鹰立于金盾之上，鹰爪之下为文卷、书籍，两侧为以花叶组成的双狮，其下之花带上有英文"探索"、"成就"的字样，寓意着拉筹伯的学人们，应有鹰、狮一般高瞻远瞩与学术上无比威猛，在研究探索中不断取得成果。证书上写明拉筹伯大学授予韩伟荣誉博士，然后有校长与执行秘书的亲笔签字。整个证书简明、大方。

我接过证书后，即发表了答谢词。我在答谢词中说：戴上博士的帽子，穿上博士的袍服，是我从小就有的强烈愿望，可是在我读大学时，这个制度被废止了。但是，今天在拉筹伯大学实现了这个梦想。我还说，拉筹伯大学的考古系尤其是中国考古专业，在全澳甚至在世界上享有盛誉。因此，拉筹伯大学授予的学位是尊贵的，校长给予我的荣誉是崇高的。而我又是中国考古界获得国外大学授予荣誉博士的第一人，这不仅是个人的荣耀，也是陕西省乃至中国考古界的殊荣。我还表示了对今后在中澳两国考古研究与发掘、交流等方面，将竭尽全力予以支持！答谢完，我面向校长、主席台及全体来宾，将博士帽的右沿用右手触摸了一下，表示了对所有人的谢意。

这时，执行秘书宣布荣授典仪礼成，请全体人员用冷餐。

然后，持权杖者高举权杖到校长面前，首先以手触帽向校长致敬，校长亦触帽回礼，主席台人士在权杖的引导下，鱼贯走出会场，荣授典礼顺利结束。

四十九　法国尼斯海湾／张彤摄

五十　摩纳哥宫城前广场上的防卫炮

五十一　摩纳哥哥里马尔迪中心（《中国第一位皇帝》文物展所在地）

五十二　俄罗斯圣彼得堡冬宫

十三　冬宫珍藏的巨型拜火教圣火坛

五十四　圣彼得堡基督复活教堂

五十五　克里姆林宫内陈设的"炮王"

五十六　土库曼斯坦阿什哈巴德市内大清真寺

五十七　日本京都皇宫／张彤摄

五十八　日本京都金阁寺／张彤摄

五十九　日本京都三十三间堂／张彤摄

六十　日本奈良东大寺／张彤摄

六十一　英国莎士比亚故居／张彤摄

六十二　英国伦敦塔桥／张彤摄

六十三 埃及胡夫金字塔／张彤

六十四 俄罗斯圣彼得堡大教堂
张彤摄

摩纳哥之旅

2001 年 2 月 22 日，我接到了摩纳哥《文化事件》总编凯瑟琳·Aiestchenkoff 女士的一封来信。她在信中说期望能获得有关《中国第一个皇帝——秦始皇》展览的详细情况。她主管的论坛拟在 2001 年 7 月 17 日至 8 月 31 日之间，以展览目录为依据，连续刊载展览资料。

并说让·保罗·戴浩石先生希望在展览的图录和《秦始皇帝》一书中，再现秦始皇这一主要人物。还期望我能写一篇有关展览的文章，以便收入让·保罗的文集中，介绍给广大观众。

其目录：

引言　由尊贵的王储阿尔伯特亲自撰写

序言　由本论坛董事长 Grimaldi Forurn 撰写

摩纳哥的中国文物展　高级编委韩伟教授

中国第一位皇帝的画像

论皇帝的缔造　让·保罗·戴浩石教授

探讨皇帝的征服　Flora Blanchon

寻觅空间　凯瑟琳

凯瑟琳女士个头挺高，是一位摩纳哥籍俄罗斯人。2000 年摩纳哥曾派出庞大的代表团为筹办此展访问西安。凯瑟琳及戴浩石先生均是代表团中活跃人物。戴浩石先生是我 1991 年在巴黎认识的朋友之一，他是著名的巴黎吉美博物馆东方部主任，对亚洲各国尤其蒙古、中国、日本的文物很熟悉，摩纳哥聘他为该国举办的中国文物展之业务总指导，当然是最合适的人选。2000 年 5 月戴浩石陪同摩国领导人及新闻媒体 10 多人来西安，即指明要与我会见。在陕西省文物局举行的接风宴上，他谈了对这次展览的总体设想，我也针对性地提出了一些个人建议与意见，从而使得展览内容逐渐明晰，在手法上强调了大型文物展览时的安全保护措施。凯瑟琳的这封信，显然有戴浩石先生的建议，否则，凯瑟琳女士不会邀请我为这么一个欧洲瞩目的中国文物展写一篇全面阐释的文章。我立即对主人的信给予肯定答复，并在预定期限内给摩纳哥本次展览驻京代表寄去了文字稿。

这个为欧洲瞩目的展览，最后定名为《中国第一位皇帝》。但最早提出这个意图的是在摩纳哥享有崇高威望的王储阿尔伯特。王储在 1999 年看了秦始皇兵马俑后，明确表态要将秦兵马俑搬到摩纳哥展览，并邀请吴永琪馆长赴摩国进一步商谈。最后双方确定 2001 年在摩纳哥将举行中国陕西出土文物精华展。并确定摩方在选定文物后，进入目录制订等一系列展出活动的程序。戴浩石先生陪同摩国有关人士在 2000 年的访问，实质是为制订展出文物目录的准备工作。2001 年 5 月 13 日，摩纳哥代表团又一次来西安，这是距展览开幕只有两个月之前的一次访问，主客对展览成功均有信心。席间，展览中心的安奥维副经理对我写的文章表示了感谢，并邀我赴摩纳哥参加开幕式。不久我即接邀请信办理了护照，6 月 8 日我拜会了法国大使毛磊先生，会见了文化参赞卜来世先生及文化专员戴鹤白先生、博安女士，商谈了我卸任后法方继续与陕西考古所合作的事宜，当天拿到领馆的签证，即着手摩纳哥之旅的准备工作。

摩纳哥属公国，位于欧洲西南部，面积仅 1.95 平方公里，是世界上面积最小的国家之一。居住人口约 31000 人，法语是官方语言，在世界各国不设使领馆，而由法国使领馆代行其对外事务。首都摩纳哥有人口 1151 人，不纳税。因地处地中海沿岸，为海洋性气候，年降水量 500－600 毫米，我们在摩期间，从未见过降雨。全境无农业，工商业和旅游业是经济的主要来源。有制药、纺织、食品、制鞋、邮票等轻工业。1879年在法国的高压下，卖掉部分国土，以所得之资金在蒙特卡罗修建俱乐部，成为世界著名赌场，收入最高时曾占国民总收入的 75％，近年来已降为 10％。

按邀请函我应在 7 月 15 日去上海直飞巴黎，但因参加农工民主党十二届十一次中常委扩大会议，我于 7 月 8 日已抵浙江富阳。富阳是坐落在富春江右岸的一座美丽城市，但向往已久的富春江的污染程度却令我大为失望。会议开到 12 日圆满结束，13 日我购得去上海的大巴票，早发午抵，然后以护照在南京路法航驻沪办事处取得摩纳哥为我订购的往返机票。7月 15 日一早即驱车在大雨中行驶一个小时到浦东机场。

此时法航 AF0111 航班已办理登机手续。但当我办理时，浦东机场人员不了解法国为何给摩纳哥签证的道理，多方查问，惟恐是偷渡者，最后算是给发了登机卡。

法航航班因未准时到达，故推迟到中午 12∶00 才起飞。从上海飞巴黎用了 12 个小时，一路上担心赶不上巴黎到尼斯的 AF7708 航班。因为摩纳哥没有本国机场，尼斯是距摩纳哥只有 40 分钟路程的法国机场，我们返往都需经过尼斯。但到达巴黎戴高乐机场后，广播通知乘 AF7708 之旅客走出舷梯后即有人接。于是，我乘导引小姐的中巴穿过机场抵达另一端的26 号门，并于当地时间 16∶20 登机，经 1 小时航程抵尼斯，负责这次展出的联络员安纬先生已等候在大厅，但领取行李处却不见我的手提箱了。安纬即向当局申报，并填写了寻物单，机场送我一个盥洗包，其中除盥洗工具外，还有一件白色 T恤衫。第二天下午行李送到了我住的蒙特卡罗豪华宾馆。在蒙特卡罗宾馆，安维奥夫人交给我一份出席开幕式的请柬及在摩纳哥的日程安排，然后《文化事件》总编凯瑟琳与安纬陪同我共进夜宵，交谈甚为欢洽。

按照主人安排，在展览开幕前让我们参观游览摩纳哥及周围名胜。我们在林小姐的导引下，7 月 16 日一早来到了法国尼斯的圣·保罗·威斯山庄，这是建在 1400 米的山丘顶上的村镇，山顶原有大堡为防止从海上入侵的敌人而设，而山庄一幢幢建于 16 世纪的房屋则排列在迷宫似的蜿蜒崎岖的小路两旁，房屋造型各异，均系石块垒成，门窗多雕刻花纹，古朴庄重，反映了地中海特殊文化风貌。山庄每个住户均为旅游商品的经营者，出售橄榄木雕艺术品、玻璃烧制品、挂毯、刺绣等等，价格昂贵、无人问津。中心地带建于 12 世纪的圣保罗教堂则显得过分冷清。下山后，我们驱车来到格拉斯，格拉斯是鲜花环抱的香水王国。弗拉格纳尔是供人参观的香水工厂。它的旁边还有一座小小博物馆，帮人了解香水生产的历史。从南京来的一位中国女学生，在这里打工。她带领参观并讲解了香水制造的过程。香水制造原料有玫瑰花、含羞草、茉莉等百来种花卉及草、木料。将原料炮制放入蒸馏器中，冷却蒸气后即得油、水两种产物。含香精多的油，用来配制香水，而含香精少的水则用来制洗涤剂之类。但要取得高含量的香精，往往是将含香的名贵花瓣，整齐均匀的摆放在装有动植物油脂的长方形盘内，蒸 48 小时，然后取出油脂进行提取香精。高级香水内含 25% 香精，中等香水仅含 12%，而市面上常见的一般香水仅含 6－7%。动物脂肪制造出的香精，具有刺激性欲的作用。一种香水制成需要加入几十甚至上百种香精，因此配制时需要特殊的能辨别各种香味的调香师。这里人们称他们为"鼻子先生"或"鼻子小姐"，他们有特别灵敏的嗅觉，但要成为正式的调香师则先要学习七年才能投入工作。每天只闻香 2－3 小时，30 岁就要退休，因长期闻香辨别力已不强之缘故。他们的工资很高，第一月即拿 1 万美元，以后按月增长。

以后的几天，我们先后参观了带有梦幻色彩的夏加尔美术馆、马蒂斯美术馆。这里还有罗马时代的竞技场遗迹，保存得较为完好。我们还走过摩纳哥与尼斯之间的埃兹，在埃兹的村口看到写着"尼采之路"的牌子，据说这里是尼采获得"查拉图特斯特拉"之想的地方。

总之在开展的前几天，我们徜徉在地中海北岸。从土伦经摩纳哥直到意大利的地中海沿岸，被称为蔚蓝色海洋。湛蓝的天空，碧绿的海水，清新的空气，充足的阳光，除了春天有密斯脱拉风带来的寒意外，即便是冬天，气候温和，只穿短衣短袖，就可在海滨悠闲散步。而金色的沙滩，碧蓝的海水，加上海滩上各色赤裸或半赤裸的泳人或游客，简直让人感到这是另一个世界。

7 月 17 日下午全团登车赴哥里马尔迪中心，出席《中国第一位皇帝》文物展。当天参加开幕式的有来自欧洲各国1000 名客人。开幕式后还有 300 人的晚宴。我在会上见到吉美博物馆老馆长夫妇、巴黎索邦大学的博浪颂教授、戴迪安先生等熟人。场面之宏大是我多次参加这类开幕式所仅见。进入展厅使人突出感到这是陕西省对外展出中占用面积最大的一次展览，整个展出占用了 5000 平方米，给了这批 246 件文物极大的展示空间。经意大利艺术家之精心设计，以巧妙手法努力揭示了文物的内在含义，是我所见中国文物对外展出的最佳设计；文物挑选时，就着重反映春秋战国时期的诸侯割据与百家争鸣的时代特点，也反映了经过这五百年的大分化、大融合，中华民族正是在秦汉之际走上了天下一统、四海一家的道路，成为世界上建立统一国家时间最长历时最久的国家。所有文物集中展示了中华民族在这个时期的形象、品格以及蓬勃向上的精神。这对欧洲各国人士了解中国悠久灿烂的文化及历史，无疑是很重要的。

　　摩纳哥亲王、王储及以国务部长为首的大臣，出席当日开幕式，驻法赵进军公使、钱参赞夫妇、陈美芬总领事夫妇、公使衔文化参赞侯湘华也分别从巴黎、马赛赶来出席了开幕式。展览中心总经理史歇尔先生详细介绍了在王储的直接关怀下，经各方人士努力举办展览的过程，相信这次展览不仅加强各国对中国传统文化的了解，增进摩中友谊，而且对奠定哥里马尔迪中心的地位，均有巨大作用。随后侯湘华参赞宣读了文化部孙家正部长的贺信，陕西代表团张自鸣团长也发表了热情洋溢的讲话。会场气氛热烈、宾主相互举杯致贺。然后步入一座灯火辉煌大厅，大厅中悬挂着各种彩色风筝，玻璃墙上有巨幅的秦俑广告，周围摆设了中国制造的各种釉色的大缸，宾主就在这个浓烈的气氛中进餐。与此同时我也接受了《欧洲时报》及法国电台的采访。无论什么人都认为这次展览一定能获得圆满成功。

　　摩纳哥国土虽小，但绿化极好，都市内到处可见绿色勃勃的各种参天乔木，王宫广场周围更是碧沉沉郁葱葱的一片茂林。棵棵大树之间盛开着枝繁叶茂的鲜花，夹杂着不知名的瑞草。微微的海风掀起阵阵海涛，持续不断的拍向岸边，轰然一声退回，则化为千颗万粒的洁白珍珠。海浪与娇艳欲滴的各式花朵，把个摩纳哥点缀得风情万种。在摩纳哥参观期间，我们经常沿着蜿蜒在蒙特卡罗湾的公路进出。当我们要参观欧洲著名的阿尔卑斯山时，从公路上放眼望去我们可以看见摩纳哥、法国、意大利三国的远山近水。汽车行进中往往在10多分钟内，就穿越三个国家犬牙交错的领土。从着装上看，意大利边界警察服装为深灰色，法国的边警则为浅灰色。由于马上在热那亚举行西方七国首脑会议，传闻将封锁边境以确保峰会安全，导游特瞩我们每人拿上护照以备边防警察查询。

在摩纳哥，亲王与王储的威望很高。驻摩纳哥总领事陈美芬告诉我亲王是在 1949 年登基的，当时仅 26 岁。29 岁时认识了美国女明星格雷丝小姐，很快坠入爱河结为伉俪，夫妻恩爱无比，全国民众以此为荣。老亲王励精图治，填海造地，大力发展旅游，促使全国经济繁荣，他亲自掌握着外国人入籍摩纳哥的审批大权。50 多年来，他已使摩纳哥入籍人数从 5000 名增加到 8000 人左右。这些入籍后的公民，可以享受豁免一切赋税的权利，因此是许多富豪追求向往之地。王妃格雷丝利用自己在美国的影响，曾吸引许多富豪加入摩籍，改变了过去以赌博为主业的经济结构，因此摩国臣民对王妃特别尊崇。1983 年格雷丝王妃从度假村返回首都，中途车毁人亡，全国悲痛。为了纪念王妃建立了一亩左右的玫瑰园，园中有王妃的铜像，同时将首都一条大街命名为格雷丝王妃大街，以志永久怀念。亲王从此单身生活直到现在，他对爱情之忠贞，赢得了人们普遍的赞誉。

王储比其父要高大得多。他倡导了世界魔术节在蒙特卡罗的举办，每年我国的魔术表演均在这里获得殊荣。摩纳哥每年举办的世界赛车与网球赛，都与王储的积极倡导与组织有关。这三个赛季，吸引了世界各国人士前来参观，促进了世界的魔术、网球、赛车运动的快速发展。因此，王储被选为奥委会的委员。

在摩纳哥的各项工作很快完成了，热情的主人给我们发排了在巴黎观摩的日程，在张自鸣团长率领下，7 月 22 日我们飞抵巴黎，四天后返回北京。

感受俄罗斯

　　二十世纪五六十年代的中国青年，主要接受俄罗斯的影响。我们读的多种课本，看的各类电影、小说，唱的各类歌曲，学习的英雄人物，几乎全是苏联的。我们那一代人，对俄罗斯有着浓厚的情感。我们认识到俄罗斯是一个伟大的国家，也是一个神奇的世界。多少世纪以来，俄罗斯以其特殊的风情、丰富的历史和浓厚的文化，吸引着世人。我一直向往着有朝一日到俄罗斯去追寻它的历史，感受它的文化，欣赏它的自然景色，品味它的生活情趣。尤其是 2000 年 6 月在西安北郊发掘了北周安伽墓后，这种愿望更强烈了。因为安伽是中亚人，归化中国后，任北周同州祆教（即拜火教）首领，又是管理通过丝路来北周进行贸易胡商的行政长官。而这些胡商大多为粟特人，在原苏联的中亚境内。有关粟特的文物许多均为彼得堡"冬宫"博物馆所收藏，我想那里必然会有许多祆教文物。恰在此时，我与金宪镛、王纪源三人，接到了俄国圣彼得堡东方研究所克恰诺夫所长的邀请。于是，2001 年 10 月 3 日即飞往莫斯科，去俄国进行为期一周的访问。这将是对俄罗斯文化的一次深刻体验，也是一次赏心悦目的旅行。

　　俄罗斯人的祖先是东斯拉夫人，公元 15 世纪下半叶，俄罗斯伊凡三世建立了集权中央国家——莫斯科大公国；1721年，彼得一世（彼得大帝）改国号为俄罗斯帝国；19 世纪末 20 世纪初，俄罗斯成为军事封建帝国主义国家，1917 年 11 月 7 日，十月社会主义革命后，建立了世界上第一个社会主义国家政权——工农兵代表苏维埃；1922 年 12 月 30 日，成立苏维埃社会主义共和国联盟（由乌克兰、白俄罗斯等 15 国组成）；1990 年 6 月，俄罗斯联邦苏维埃宣布拥有"绝对主权"；1991 年 9 月，苏联国防委员会通过决议，承认波罗的海三国独立，这是苏联解体之开始；12 月 21 日，俄罗斯联邦与白俄罗斯、乌克兰签署《独立国家联合体协议》，宣布组成"独立国家联合体"，12 月 21 日，原苏联 11 个加盟共和国签署《阿拉木图宣言》和《独联体协议议定书》；12 月 26 日，苏联最高苏维埃共和国举行最后一次会议，宣布苏联解体。至此，俄罗斯成为完全独立的国家。

经过 7 个小时飞行，我们抵达莫斯科谢列梅捷沃国际机场，随后又匆匆赶到莫斯科火车站。无论在机场与火车站，都让我们对向往已久的俄国颇感失望。机场入关口，顶棚低矮，好像是用一节节截断的炮弹壳焊接成天花板，墙壁黑漆漆的，灯火昏暗，给人一种压抑感。尤其是过境手续繁多而电脑陈旧，效率很慢，让赶乘从莫斯科到彼得堡末班车的我们更是心急如焚。海关有些规定也是很奇怪的，如携带美金每人不得超过 500 元；到了俄罗斯境内，必须到住地的派出所或有关公安机构报到、盖章，办理居留登记，否则返国出境时，就会因你在俄国没有明确居住地而惹出麻烦。好不容易入了关，坐汽车一小时才到达火车站，所幸最后一班车还未开走。上车后，才知道卧铺车无卧具，必须出 15 卢布从列车员手中租赁。当然，列车员只是将其中部分上交，其余则归为己有。俄国的铁路已向私有化过渡，每列火车均归私人公司所有。不同公司有不同的车票价格。而莫斯科到彼得堡之间又无高速公路，也无一条像样的一级公路，火车成为惟一的代步工具。这里车厢黑暗、肮脏，不要说与欧美，比起我国的铁路都不可同日而语。解体后俄罗斯的经济之困难，从交通的窘迫中使人有了切身的体会。

从莫斯科晚上乘上火车，行车一夜，10月4日六时左右
抵达圣彼得堡，这是俄国第二大城市，属联邦的中央直辖市。
俄国科学院东方研究所及冬宫，是我们此行的主要联络参观的
重点。该市人口约500万，坐落在波罗的海芬兰湾的涅瓦河
口，有400多座桥梁将100多个岛屿相连，素有"北方威尼
斯"之称。它始建于1703年，1918年3月以前，一直是俄罗
斯的首都。1924年列宁逝世后更名列宁格勒。解体后又恢复
为圣彼得堡。

到达圣彼得堡车站时，正遇到大雨，俄国科学院圣彼得堡
东方研究所研究秘书波波娃·伊丽娜博士前来迎接我们。她40
多岁，气度高雅，神态端庄，中国话说得流畅，多次来中国，
也曾到陕西省考古所，可惜我在外地，未曾谋面。大雨中，她
为我们拦住了两辆汽车，经过讨价还价，将我们送往寄宿地
点。在俄国出租车不多而且要价昂贵。大量的私人或机关小车
可以载客，这部分收入就成为有车家庭的灰色经济来源。后来
我们在彼得堡及莫斯科市内，主要搭乘这类车辆，使得游览、
参观特别方便。

当天上午，我们会见了俄国科学院圣彼得堡东方研究所所
长克恰诺夫·孟列夫（缅什科夫）教授，波波娃担任翻译。会
谈中，双方就进一步合作及其项目达成共识。他们还陪我们参
观了该所的文稿库房。这里收藏了古代中亚、南亚、中国等地
的珍贵手稿，我看见印度、越南、中国、柬埔寨等各类手稿的
原件。其中有一本西夏文的《辞海》，可能在宋夏战役中为宋
军俘获，宋军管理作战物资官员，把辞海拆开，在背面记录了
宣和到建炎年间的军需支出账目，记载详细，系年清楚，是研
究宋夏战争的绝好资料。另外还看到包括西安碑林碑碣在内的
一大批拓片。拓片时代久远，许多蒙汉合文的拓片更引人注
目。这两项工程，据同去的金宪镛主任估计，大约需要20 -

30万元人民币即可拿下。我们同意双方就此进行合作的意向，愿意回国后向有关方面申请经费，尽量完成这两项文化遗产的整理、出版工作。

十多年前苏联的解体以及休克疗法，导致了向全面私有化的过渡。这形势显然给科研事业带来了影响，一切均商业化、功利化，知识受冷落，心理变浮躁，科学被遗忘。在与东方研究所接触中，我们深感俄国的社会科学面临的危机。研究所与其他七个社科研究单位同住一座多年失修的大楼，设备陈旧，屋顶漏雨，许多年来缺乏信息供应，特别是外国的书刊、杂志；他们的实际工资比过去缩小4、5倍；国家拨款仅仅维持工资，没有用于科研的经费；科研工作者年龄老化，年轻的社科工作者很少，许多人出国或干着与专业无关活动。因此在上世纪90年代末，报刊杂志上竟然不断散布俄罗斯学者成就小，在信息革命中已远远落后，呼吁应该停止基础科学研究，人文、社会科学研究所应该解散等等。这些言论在曾经是马列主义社会科学最发达的国度中出现的确让人感到痛心。普京上任后，俄罗斯科学界看到一线希望。普京百忙中还经常与科学文化界人士见面。2000年8月16日他在南方休假期间花了一整天和俄罗斯主要学者会见。他想搞清真实情况，想了解如果不及时采取拯救俄罗斯科学的措施，俄罗斯将丧失什么？人们充满了对普京的期待。

在主人安排下，在到达圣彼得堡的第二天，我们参观了著名的冬宫。这里曾是沙皇的宫殿和住所，现为艾尔米塔日博物馆一部分，建于1754－1762年，并于1837年大火后重建，坐落在涅瓦河畔。宫殿长200米，宽160米，高22米，共有1050个房间，1886道门，117个楼梯，四周圆柱林立，房顶矗立着100多尊雕像和宝瓶。整个宫殿富丽堂皇，是俄国巴洛克式建筑的杰出典范。其中孔雀石大厅是由著名设计师勃留罗夫设计的，每根圆柱都用孔雀石做成，共耗费 2 吨多孔雀石。镶木地板采用紫檀、红木、乌木等贵重木材，殿内的油画、壁画、银制吊灯和御座豪华无比。在沙皇御座背后的一幅俄国地图，竟然是用 4.5 万颗彩石镶嵌而成。但冬宫之规模太大了，我们无暇一一观赏，所以，直奔中亚古代文物的陈列室。在这里果然不出所料，发现了许多有关祆教的文物。其中最重要的是一座铜质圣坛，火坛 1.7 米见方、平底、浅腹，宽折沿。四沿上各铸异兽 7 只，四角各一只，共 32 只。祆教将兽类划分成善恶两类，经常以兽类为圣火坛之装饰。火坛每侧有半圆形的錾手，由此可见此坛是经常移动着进行拜火祭祀的，坛下有四蹄足，其中一足已毁。这可能是迄今世界上发现最大的祆教铜质圣坛。但解说词称其为烤肉盘，显然是错误的。我将这个看法告诉给俄国著名的中亚金银器学家马尔沙克先生，他认为是对的。在同一展厅，我还见到一尊驼首凤身执壶，是典型的粟特银器。其左右两侧的壶腹上，有模冲的驼首凤鸟各一，我敏感的认为这是祆教的祭祀器。在安伽墓门之门额线雕画上，有两个供桌清楚地排列在圣火坛前方左右两侧，供案上有金银器，但纹样不清。我当时认为这类祭器可能有特殊纹样。驼骆是祆教中之善兽，是胜利之神的形象，所以安伽墓中有三驼圣火坛。这柄执壶，以驼首凤鸟为装饰，采用祆教善兽良禽，可见是专用的祭祀用具。这对今后研究中亚银器提供了新视野与角度。除了这座大型圣火坛外，展厅内还见到两件呈豆盘形的小型拜火坛，均为宽平折沿、浅腹、镂空圈足，而宽沿上或盘底中心均有立兽，这大约是我们鉴别拜火教圣坛的最简便方法了。在展厅内还见到祆教纳骨器，陶质发红，有圆有方，器身有镂孔，器体不密封，装饰有植物或人之胸像。有一很大的纳骨器盖，盖钮塑中亚人像，可能即为死者肖像。这说明中亚祆教徒尸骨经狗吃的天葬后，又火化，然后装入纳骨器，肖像则是死者骨灰之标志物。这一习俗在我国尚未发现，但今后应在考古发掘中注意。在展厅中还见到几幅从撒马尔罕宫殿中揭取的壁画，妇女们均留有许多小辫，时代应在公元 3-5 世纪，使人联想到维吾尔族姑娘的小辫，大约与中亚粟特之习俗有关。

圣彼得堡运河纵横，在涅夫斯基大道的格里鲍耶陀夫运河上游，一座建筑有五光十色的洋葱头式的屋顶，这就是基督复活教堂。教堂轮廓奇异、装饰艳丽，高度达 81 米。1881 年 3 月 1 日，因为民意党成员在此以炸弹炸死了亚历山大二世沙皇，所以这座教堂又叫溅血的救世主教堂。教堂内部的墙壁与屋顶，多为马赛克镶嵌画。著名的有"基督主宰"、"地狱圣像"、"耶稣在十字架上受难圣像"等马赛克图像。可以说教堂是俄罗斯马赛克技术大型作品的展厅。这些画均是分别依照瓦斯涅佐夫、利亚布什金、勃鲁尼、科设列夫、别利亚也夫的油画，由费罗洛夫兄弟制造各色马赛克然后镶嵌成的。在这些画面里，不少地方还镶嵌了各色宝石，这是俄罗斯的艺术瑰宝。

在市内我们还参观阿芙乐尔巡洋舰，看了那尊发出"十月革命一声炮响"的舰首大炮，并与之合影。同时还参观了伊萨大教堂，这是欧洲几座大型教堂之一。在这里，发现我们的参观票要高出俄国人 13 倍之多。俄罗斯人票价仅 20 卢布，我们则要 270 卢布。我完全理解了过去来大陆的外国游客对我们执行两种票价的不满。由此也知道俄国正走在我们开放的起步阶段。他们要达到我们改革开放的程度，还有较长一段路程。

朋友们鼓励我们一定要去彼得保罗要塞看看，说那里是圣彼得堡市历史发端的地方。圣彼得堡市的创建者是彼得大帝，当时俄国急于在欧洲有一个出海口，彼得大帝就通过战争从瑞典手中夺下了涅瓦河畔的这片土地，使俄国有了芬兰湾东岸的良港，从而经过北海直通大西洋，这对帝俄向近代化发展具有

重要意义。为了保卫这块到手的土地，1703 年 5 月 16 日彼得
一世下令修建圣彼得堡要塞，进而修建圣彼得堡城。短期内按
照彼得大帝的计划，从全欧请来设计师、画家、工匠、商人、
海员从事圣彼得堡建设。这种急速式的吸收西方文化的城市建
设的传统和经验，使圣彼得堡成为有俄罗斯特殊格调的欧洲式
城市。虽然遭到贵族的强烈反对，彼得大帝仍下令从莫斯科迁
都圣彼得堡。所建的彼得保罗要塞的彼得大门，是特列基尼
1714 年至 1748 年建成的。大门门额上挂着铅铸的俄罗斯帝国
国徽——执着帝王权球和权杖的双头鹰，表现了沙俄一头看着
亚洲、一头盯着欧洲的意欲称霸欧亚的野心。其余的雕刻则尽
力表现彼得大帝战胜瑞典皇帝的意志。要塞修成后，俄国并未
和瑞典发生战争。所以，要塞成为俄罗斯帝国直到苏联时代的
监狱。而要塞中的彼得保罗教堂，则是沙皇们的公墓。除了彼
得二世、约翰六世外均埋葬在这里。每座陵墓均有大理石石
棺，棺上有东正教的金色十字架，有墓主的铸像，以铸铁的栏
杆护卫着，庄严、肃穆，引人注目。在要塞展室中，我们还看
见叶利钦愁苦着脸为末代沙皇尼古拉二世送葬的照片。尼古拉
二世一家及其医生等人的遗骸，1998 年 7 月 17 日被从西伯利
亚迁移来埋葬在彼得保罗教堂。尼古拉二世于 1917 年 3 月 13
日，签署了退位声明，结束了长达 300 年的罗曼诺夫家族的统
治，杜马原本保证不伤害他们一家人的生命。但十月革命后，
把他们囚禁在西伯利亚叶卡捷琳堡的一座豪宅，数名男子举枪
射杀了尼古拉二世，他的妻子亚历山德拉、儿子阿列切克谢及
四个女儿、家庭医生及佣人也同时被杀。苏联解体后，俄罗斯
当局认为这违背了当时的许诺，因而做出重新安葬尼古拉二世
一家的决定。于是罗曼诺夫家族的最后一位君主及其家属，又
被安葬在彼得保罗教堂了。在这个教堂附近，有扮装成彼得大
帝及其皇后的男女青年。他们主动招揽游客与他们合影，一旦

同意就不征求客人意见，做出各式姿态，或拥抱、或跳舞等等不一而足，摄影师不停按动快门，然后按数收费，真是宰你没商量。俄罗斯年轻人的商品意识由此可见一斑了。在建筑要塞的同时，彼得大帝还在芬兰湾建造了彼得宫。这是一处由花园、喷泉、镀金塑像、宫殿、游亭组成的皇家高级宫苑区。这些建筑群使人很容易联想到法国的凡尔赛宫。花园中大殿前的大瀑布喷泉群，东西有两部阶梯，每层阶梯都有镀金雕像，或为勇士、或为天使、或是神灵，亦有猛狮、蛟龙及宝瓶者。喷泉、瀑布、雕像，错落有致，蔚为壮观，给人留下极深刻的印象。

10月8日向东方研究所主人道别，又乘夜间火车返回莫斯科。莫斯科作为俄罗斯首都是全国最大的政治、经济、金融、文化、教育中心，人口约888万，面积约879平方公里，具有800多年历史，保留至今的皇家宫殿、教堂及修道院，是数百年以来俄罗斯文化发展的最佳历史见证。

参观莫斯科首选之地自然是红场及克里姆林宫了。10月9日我们三人，在一位中国老乡陪同下，奔赴红场列宁墓。到了目的地首先让人吃惊的是，红场面积是这么小，以我估算不及天安门广场的1/20。在广场的东入口，仍然排着十多人的队伍等候参观。轮到我们时，卫兵阻止前进，示意要将相机存到红场之外方可入内。金宪镛与陪同人员即离队寻找存相机之处，谁知根本没有，只得让陪同拿着相机在红场外等候。就在他们存相机时，我发现只要给这些苏联解体前被称为"第一号岗位"的卫兵一些卢布，即可放行，原来不让带相机只是为了制造发财的机会，我们真后悔白白浪费了许多时间。列宁墓靠近克里姆林宫围墙，在红场的北部，陵墓用红色大理石砌垒而成，入口处镌刻"列宁"二字。进入门口即有阶梯通向墓底。只见列宁静静躺在水晶棺中，淡淡的光柱投射在他的面部，肤色保护得比毛泽东要自然得多。他双目微闭，额头高耸，双手显得很纤巧，似乎仍在梦中。从墓中出来便是克宫墙下的烈士墓。他们在列宁墓北，在克宫宫墙之南。中心部位有斯维尔德洛夫、伏龙芝、捷尔任斯基、加里宁、日丹诺夫、斯大林、伏罗希洛夫等。这些人的墓前，包括斯大林，均有人献鲜花以示怀念。二战中，希特勒曾派飞机企图炸毁列宁墓，苏共当时曾以伪装布景误导敌机以保护陵墓安全。最后还将列宁遗体秘密转移西伯利亚的秋明，直到二战胜利后运回。苏联解体后，索布恰克等人以"消除前政权错误的一项措施"为由，要求将列宁墓迁出红场，遭到各界人士的反对，1994 年 10 月 6 日撤销了列宁墓岗哨，取消了换岗仪式。所有这一切都是苏联解体后，世态沧桑，斗转星移，社会出现大分裂，人们在观念上、价值取向上都发生了翻天覆地变化，自然在对列宁的评价上也出现了截然相反的意见，迁墓或丑化、扭曲列宁的现象，只是右翼对列宁、对社会主义制度极端仇视的反映而已。

克里姆林宫在列宁墓之北面，坐落于莫斯科河岸高地与涅格尼那河的汇合处。9 世纪这里已经逐步发展成为城市了。到了 1156 年尤拉大公统治时期，莫斯科已有护城河及土墙，14 世纪成为众公国首府，而克宫不似今日之红墙，而是一座白色的城堡。15 世纪末，克宫已占地 27.5 公顷。克宫内建造了无比豪华宫殿，气势磅礴的教堂。17 世纪以后克宫已成为今天模样。这里兴建了阁楼宫、欢乐宫、十二门徒教堂，出现了参议院、大克里姆林宫、武器宫等规模宏大的综合性建筑。所有这些建筑都是中世纪欧洲最优秀的杰作，是俄罗斯与意大利著名建筑师联合修建的。我们沿着克宫周围，观看了雄伟的红墙及驰名的泰尼斯、康士坦君－依列尼、救世主等塔楼，这些大多是 15－17 世纪的建筑。在克宫内，我们还冒雨观看了国家最主要的总领教堂——圣母升天教堂，国家大典多在此举行，

如历届沙皇的加冕及重要法令的颁布。教堂内大型壁画是 12
－17 世纪圣像画精华。这里还收藏着历代大公、沙皇及大主
教们的手稿、文献，以及金银珠宝等价值连城的艺术品。我们
还看了举办皇家婚礼及沙皇进行宗教活动的圣母报领大教堂，
也游览了设有都主教及宗主教的耶稣解袍教堂，以及彼得大帝
前历届沙皇陵寝的总领天使教堂。在克宫庭院中，我们还观赏
了号称"炮王"的沙皇炮，号称"钟王"的沙皇钟。它们分别
铸造于 16、18 世纪，因其体积太大了，故只有观赏而无实用
价值。

　　在朋友陪同下，我们乘地铁前往阿尔巴特街游玩、采购。
莫斯科地铁是世界上最大的地下铁路系统之一，以其规模宏大
与车站华美闻名于世。第一条路线于 1935 年 5 月投入运营。
布局由市中心呈放射状延伸，间以环形线路，密如蛛网，分布
于莫斯科城下，串联 7 个地上火车站及市内 10 多个广场。地
铁内共设 100 多个车站，早期车站许多绘画及雕塑均出自艺术
家之手，以不同的历史事件及人物为主题，采用各色大理石及
花岗岩、陶瓷、玻璃镶嵌而成，更辅以华丽高贵灯具，故有
"地下宫殿"美称。但市区内交通情况甚为糟糕，莫斯科几乎
24 小时堵车，整个城市交通陷入停滞，广播中不断发出交通
堵塞的状况通报。莫斯科现有车辆 250 万辆，由于缺乏正规停
车场，汽车任意停放，而警察拖走汽车权力有限，市政府并未
采取措施应付过去十年来小轿车猛增的情况，道路坑坑凹凹，
建筑垃圾又多，使人感到交通堵塞是永无尽头的。所以出门只
有乘坐地铁还保险一点。

　　阿尔巴特是莫斯科艺术氛围浓厚的一条老街，凡是到莫斯
科的外国游人，都不会错过到这里旅游的机会。在这长不足千
米、宽仅 10 米的石块方砖路上，街之中央摆设了许多摊点，
一看是中国人，"您好"、"套娃娃"等中国话就成为招揽我们

的最好手段。这里最多的是妇女用的俄罗斯毛织的大方围巾及套娃娃。围巾色彩陈旧不太招人喜欢。但套娃却是最抢手的纪念品。所谓套娃就是以木头旋刻出的一整套俄罗斯娃娃。它是由里向外，由小到大套合在一起，拆卸组合非常方便。这些娃娃身上用油漆画着多种图案，姿态均是一个模样的农村姑娘，身着花袄、外被长马甲、腰系围裙、头扎花巾，被叫做"马特廖什卡"这种俄国姑娘常用的名字。套娃象征着俄罗斯母亲的旺盛生命力，也表达了祈求多子多孙的愿望。我们还见到苏俄领导人套娃，其中有列宁、勃列日涅夫、戈尔巴乔夫、叶利钦、普京等等。这些套娃要价高贵，尤其是七个娃娃以上的套娃。但可讨价还价，小型的大约 120－200 卢布即可成交。

从阿尔巴特街刚出来，我们几人均被巡警拦住，要求出示证件，并且不断发出询问，幸亏同行的小孙，长期在俄罗斯生活，均一一作答，然后放行。据小孙讲，今天若有人不带护照、护照上若无居留地章子，钱就罚的老鼻子了。我曾去过世界各地 20 多国家，在街上被盘查护照还是头一次。在欧美等国，往往被打招呼不要把护照带在身上。而在俄国一入境，均被叮嘱一定要将护照带在身上，以备盘查。如果不带，一旦被询查，即带到局子去，那就麻烦大了。这固然是警察的生财之道，但也反映了俄国开放环境还有很不理想的一面。

在俄国要说不开放，也不完全确切。这里妓院是合法或半合法的。由于防疫专家预计 2002 年莫斯科患艾滋病将达 2 万人，2003 年将上升至 4 万，所以，莫斯科国家防疫机关近期内将在内务机关的协助下，对首都妓女进行一次全面的艾滋病检查。并在短期内由卫生局与国家防疫中心为主，制订一项具体的预防措施，国家仅在莫斯科就投入 10 亿卢布。可见妓女是归内务机关管理的，人头及数目是登记在册的。当然妓女的身体状况经检查合格了，则是允许继续营业的。同时赌博也是开放的。无论在圣彼得堡或莫斯科，到处都见有关卡西诺的霓虹灯闪烁。报纸上公开登着广告，如某宾馆整版广告中说："全莫斯科最优惠的 21 点规则及式拉耗子、轮盘赌。（眼注 20 美元－1000 美元）。免费入门、免费餐饮、免费接送、免费四星宾馆住宿等等。"这类广告到处皆是，亦可想见灯红酒绿、豪赌泛滥的程度了。

但两极分化是严重的。仅以儿童死亡率居高不下而言，贫困生活仍是儿童主要死因。俄罗斯卫生部曾公布，1999 年新生儿的死亡率为 16.9‰，2000 年头 10 个月为 15.8‰，与世界儿童组织的报告指标比较：丹麦 4‰、德国 5‰、美国 7‰、英国 6‰。而俄罗斯的阿尔泰地区新生儿死亡率达 28.5‰、阿摩州 28.8‰，1994 年马加丹州竟达 169.1‰，超过了索马里（125‰）、埃塞俄比亚（128‰）。死亡原因是许多孕妇未及时送到医院，或医院没有抢救新生儿的器械等。贫困扼杀了无数幼小生命，令人扼腕不已。

俄罗斯的腐败现象，在旅俄期间已稍有察觉。据报载，公职人员受贿案件逐渐增多，而且多系大案、串案，吏治极需整顿。军队也成为犯罪交易渗透的领域，主要涉及军队财产、武器、弹药和预算资金。部队中高级将领非法挪用资金、营私舞弊，不少军官包括少将、中将、上将之类的高级将领被判刑入狱。在俄国我们还听说了莫斯科的中国市场遭到集体抢劫之事，中国商人损失惨重，但却欲告无门，只得自认倒霉。加强法制，制止腐败在俄罗斯也刻不容缓了。

现在在俄国经商、留学或从事其他行业的中国人越来越多了。中俄双方都在加强相互之间的友好往来。中国沿边的地方政府步子迈得更大。如哈尔滨铁路局与俄国远东铁路局，签署了中国绥芬河至俄罗斯符拉迪沃斯托克（海参崴）间开行国际列车的纪要。这是地方城市始发终到的首趟国际列车，不仅为黑龙江找到一个最近的出海口，也对开发海参崴的经济具有重大意义。除了陆地，俄罗斯也大力增强航空对中国的国际旅游服务，许多广告都刊登了大幅的提供优价俄航机票广告。莫斯科—北京三周往返 470 美元，一月往返 515 美元，三月往返 660 美元；莫斯科－上海，一月往返 515 美元，两月往返 610 美元。中国人或中外合资的宾馆在俄国很多，价格也便宜，更重要的是可以在此办理居留手续。像东方宾馆可以代办赴俄邀请、签证、落地签证、居住合同、护照丢失证明、提供导游、翻译等，可以说服务周到。而最低价单人间 15 美元/人，双人间 10 美元/人，这真是相当低廉的价格了。

　　一周很快过去了，我因有去香港讲演的任务，于 10 月 12 日匆匆告别金宪镛、王纪源二位先生提前返国。但结识了那么多豪爽好客的俄罗斯人，置身于宏伟的俄罗斯城市及古典建筑之内，漫步在那满地黄叶的茂密森林之中，发现了俄罗斯人多姿多彩的生活，将永久留在我的记忆深处，这是我一次珍贵的经历。

土库曼阿姆河畔的友谊

2002 年 10 月 8 日上午，突然接到土库曼斯坦驻华大使库尔班穆哈买德·卡西莫夫电话，征求我是否同意于 10 月 15 日－18 日，参加在首都阿什哈巴德举行的中亚与土库曼斯坦文化遗产国际学术会议。我表示赴会的愿望后，大使即同意为我提供国际交通及会议其他费用。10 月 12 日晚，我就乘 CA979 航班，由北京飞曼谷再转赴土库曼首都阿什哈巴德。我提交给会议的论文是《阿姆河粟特人后裔安伽墓所反映的祆教相关问题》。这与本次会议要求从地缘的角度，研究古代土库曼与周围的政治、军事、传统文化与贸易的关系之主题是相吻合的。

安伽是北周同州萨保，就是专门管理入华贸易的中亚商胡及祆教事务的首领。他卒于北周大象元年（公元 579 年），葬于今西安北郊炕底寨。2000 年 5 月基建中对他的墓葬进行了发掘清理。他的埋葬形式及殉葬石榻及石榻上有关祆教的雕刻画面，是来源于阿姆河流域古代拜火教资料的一次重大发现。阿姆河汉代称为渥洼水，发源于兴都库什山，由东南向西流北经土库曼斯坦全境注入咸海。在阿姆河流域，从查尔朱到库－乌尔根奇到处都是古代文化遗存，显现了土库曼悠久的历史文明，阿姆河是土库曼斯坦的母亲河。

祆教是世界上历史最悠久的宗教之一，又称拜火教，公元前 6 世纪由琐罗亚斯德（公元前 628－前 551 年）在波斯东部创立。古波斯帝国阿契美尼德王朝（公元前 539－前 331 年），以及萨珊波斯（公元前 224－651 年）均奉其为国教。土库曼斯坦3世纪后曾属波斯萨珊王朝，因之也信奉过祆教。该教的基本教义是善恶二元论，认为宇宙有善与恶两种神灵：善神阿胡拉·马兹达，是光明、美德、真理的化身；恶神安格拉·曼纽，是黑暗、邪恶、谎言的化身，认为火是善神的儿子，象征神的绝对权威，因此，礼拜圣火是教徒的首要义务。传入中国时间说法不一，有北魏神龟年说、十六国前凉说几种。我以新疆出土的塞克文化中祆教祭坛为据，认为祆教传入中国，可以提前到秦汉之际。祆教在中国影响深远，唐代长安京城内曾有四处祆教寺庙，而拜火教徒死后让狗吃掉尸体，然后将剩余骨头火化后埋葬的习俗，直到唐代开元以后才逐渐消失；而遇到旱情祈雨在古长安往往抬一大盆火，扮神者（俗称马脚）踩火、食火，也可能是祆教习俗在中土的孑遗。

到了土库曼后，明显感到中土两国有着悠久的历史关系。土库曼斯坦的国徽中心，为阿哈尔捷金马。这种马如鹿似龙，延首高骧，长尾风生，逸足电发。因为只产于土库曼境内，故被视为国宝，成为国徽中的母题纹饰。汉代张骞曾到过阿姆河一带，汉武帝知道这里产良马，并称其为汗血马。《史记·大宛传》："大宛有善马在贰师城匿，不肯与汉使。天子既好宛马，使壮士持千金及金马以请宛王善马……拜李广利为贰师将军……以伐宛，期至贰师城取善马。"汉武帝得到汗血马后，称其为"天马"，且作《西极天马之歌》。歌云：

天马来，从西极，涉流沙，九夷服；

天马来，历无皂，径千里，循东道；

天马来，开远门，竦予身，逝昆仑；

天马来，龙之媒，游阊阖，观玉台。

赞叹汗血马的诗赋，由汉代一直唱到宋元。元代诗人杨载曾作《神马歌》。歌曰：

神马来自昆仑西，有足未始行沙泥。

朝趋欲出飞鸟上，夕逝直与奔星齐。

绿鬃半散插双耳，赤汗交流攒四蹄。

风神秀猛陋天地，岂顾燕蔡并渠黎。

……

20世纪70年代曾在汉武帝茂陵的陪葬墓中，出土一件鎏金铜马。铜马形体高大，腿细腰瘦，头小躯长，耳如批竹，完全是活脱脱的阿哈尔捷金马的造型，显然是从土库曼来的汗血马。这说明天马来中国后，不仅产生了许多诗赋，而且在造型艺术领域亦有反映。值得指出的是，从汉武帝以后，汉代墓葬中的陶马就带有明显的汗血马的特征，完全不同于秦始皇陵的马俑，成为判断时代的标准物。而现在做为中国旅游标志的甘肃马踏飞燕，正是"朝趋欲出飞鸟上"的形象，生动地再现了汗血马凌空追风之矫健。可见，汗血马为汉代文化带来了多么大的冲击力。国内有的学者因为未见过阿哈尔捷金马，竟说茂陵鎏金马并无原型可依，只是为相马术提供的一种模型。来到阿姆河畔，才知这种说法纯属臆断之说。

在土库曼斯坦去参观著名的大清真寺的途中，沿途看见许多单峰驼，引起了我的注意。这类单峰驼在安伽石屏风雕刻画上曾出现，说明当日居住在阿姆河的粟特人正是赶着这里出产的单峰驼，运载着中亚物资及中国丝绸，频繁往返在中亚与长安的丝绸之路上从事商贸活动。单峰驼是土库曼地区的特产，在商店、市场上有各类质料做成的单峰驼模型出售。有趣的是，2000年在咸阳武帝之子汉昭帝平陵陪葬坑内，发现60具单峰驼完整的骨骼。这是丝路初通后，汉代皇帝视单峰驼为珍异动物，所以，选择它们陪葬陵寝。这些单峰驼无疑来自土库曼。另外，在我们住宿的驰名的"白金"高级宾馆大堂上，还陈列着在安伽墓第5幅屏风画中所见的筒状帐篷。这种帐篷不同于蒙古包那么宏大，而是把芦苇类的硬杆植物编织成帘状，然后围成细高的圆筒，顶部蒙毡，内部铺毯，无木床之类物。贞观年间玄奘途经碎叶城受到突厥可汗隆重接待。据《大慈恩寺三藏法师传》云："突厥事火，不施（木）床，以木含火，故敬而不居，但地敷重茵而已。"当时粟特人与突厥人都事火、拜天，故土库曼民族至今在帐篷内只铺毡毯而无木床，就连搭建帐篷也不采用木骨结构，这应是拜火教习俗的遗存。总之，无论从单峰驼或住筒形帐篷，都可证实居住在阿姆河流域的土库曼先民曾是丝绸之路上经营国际贸易的主体。他们在丝路上的地位及曾经发挥过的重要作用是不容忽视的。

在阿什哈巴德的机场及市内许多建筑上，都有一种角形器作为装饰物。这种角形器叫来通，在安伽石屏风画中多次出现；在西安何家村唐代窖藏中也曾发现一件玛瑙牛首杯，类似的三彩来通亦有不少发现，这种器物产地就是土库曼。前苏联考古学家曾发掘了中国文献上称为"安息"的中亚古国帕提亚王国。帕提亚的领域，相当于今日土库曼西南部和伊朗东北部边境地区。它从公元前3世纪中叶一直延续到公元3世纪，后为波斯萨珊王朝所替代。前苏联考古学家在西距阿什哈巴德18公里的尼萨，发掘了帝国皇家的储藏宝库——方房子。在这里发现了大量珍贵文物，出土了数十件角形杯，这就是中土两国发现的角形器的祖型。这种杯子西传到希腊，东传到中国，都反映了土库曼古代文明对东西方的影响。顺便说一句，张骞从今日土库曼地区引进一种食用香料，汉代称其为"安息"香，有学者说就是今日烤肉用的孜然。由此可见，无论在文化、艺术、商贸、饮食等方面，古代中国与土库曼地区都有密切关系。

10月15日，全体与会的外国学者在国家大剧院观看了欢庆独立节11周年音乐会后，即步行到对面的总统府，出席总统的招待晚宴。同时参加的还有与会学者所在国大使。总统府坐落在阿什哈巴德最美丽的独立街上。我就坐于第 5 桌，距总统主桌较近。因为 10 月 27 日为土库曼斯坦国庆节，第二天又是总统著作《精神法典》（RUNAMA）的首发式，加上国际学术会议开幕，所以当日的晚宴具有重要意义。总统尼亚佐夫在全场起立鼓掌下出现，并即席发表 40 分钟讲话。各国学者争先恐后地发言，赞扬了土库曼的飞速发展及繁荣昌盛，对当地报刊上称之为"人类新世纪精神财富"的总统著作给予了很高评价，中国、美国等驻土大使也纷纷发言向总统表达了敬意。会议气氛至为和谐热烈，这是一次使土库曼斯坦走向世界，也使世界了解土库曼的大聚会。会上，尼亚佐夫总统向外国学者每人颁发独立勋章一枚，这是土库曼斯坦四种勋章中的一种，也是我获得外国元首颁发的第二枚勋章，真是出乎意料之外的荣誉，与会学者在交谈中莫不感到由衷的高兴。第二天外交部库尔班先生安排国家电视台对我进行采访。我从历史到今日畅谈了中土友谊，也表示自己愿为增进友谊而作不懈努力。

土库曼人民对总统尼亚佐夫的爱戴与崇拜，从进入阿什哈巴德就有强烈感受。在首都大街上，到处可见总统的塑像、画像。许多纪念性建筑均竖有总统的金色立像。1948 年土库曼经历了一次毁灭性的大地震，在阿什哈巴德 19 万人中，死了 2 万人。总统母亲舍生忘死地救出了尼亚佐夫而自己丧生。现在在中立门左侧，有一突厥传说中的神牛头顶着开裂的地球，一妇人从裂隙中手托一金色娃娃，这就是大地震中尼亚佐夫得救的写照。从 1991 年土库曼独立后，在总统的领导下开展了重建国家的艰苦卓绝的斗争，今日的土库曼一改昔日穷困面貌，飞速发展，日趋繁荣。笔直宽阔的柏油路在全国网状铺开，在高加索地区发展最快。各类建筑在荒原上矗立起来。许多建筑规模宏大，气势磅礴。令人惊奇的是，长达 1 公里的独立街和大型公园均有各式喷水设施，装饰了建筑，改善了环境。入夜在五彩灯火照耀下，恍如进入仙境，丝毫没有这是沙漠中的城市的感觉。总统气魄恢宏，要干的事一定要是世界上最好的，增强了土库曼人民的自豪感。他给人民带来了幸福生活，水、电、食盐、煤气、医疗全部免费供给，公交费用低得惊人，乘一次市内公交车不论路途远近，也只折合人民币几分钱。土库曼斯坦是中亚地区原苏联加盟共和国中独立后发展最快最好的国家。他们的经济来源主要是天然气。全国储量达23万亿立方米，居世界第4位。每年向俄罗斯输气100亿立方、乌克兰300亿立方、伊朗80亿立方，每千立方气收40美元。这里民情淳朴，社会繁荣，治安很好。全国仅有1.7万罪犯，其中1.2万人已获释放。

　　中国人在这里受到特别友好的礼遇。这是驻土大使馆初参赞及邓浩先生在给我们饯行的宴会上反复告诉我们的。他们说，阿哈尔捷金马曾在奥运会上得到竞技冠军，是世界名马之一，被列为国家元首级礼品。江泽民主席访土时，总统送了一匹给江主席，近日才运回北京。同行的吴宏伟先生也深有感触，他在中亚其他国家也曾逗留，护照是一刻也不敢离身的，否则就会遭警察盘问、罚款，而在阿什哈巴德绝无此类现象发生。遇到问路或换汇，总有人热情帮助。中国人在这里是争气的，胜利油田在这里有100人的修井队，专为土库曼修理报废的油井。只要哪里出现堵井，中国人用最先进设备及技术修理，保证在5年内出油畅通，每年为土库曼增加160万吨原油，所以大受欢迎。当然，土库曼的市场经济及开放程度还不够。星级宾馆或大街上，很少有外币兑换点，大街的街面上多为机关单位，而商业网点及门市部很少，只相当我国改革开放初期而已，我深信这种状况会逐渐改变，土库曼斯坦将更加繁荣昌盛。

后记

　　2001年岁末，与文物出版社副总编葛承雍先生聚首于成都罗杰伟唐研究基金会上。葛先生嘱将考古生涯与海外经历撰文著述，配以照片，读来或许饶有兴味、别具一格。我怦然心动，返家寻觅旧稿，又新撰数篇，缀成一册，以《天涯足痕——海外考古访问录》命名之。

　　自首访加拿大后，每赴一国，凡所目击，秉笔咸录，文不矜奇，事皆实纪，夹叙夹议，以抒胸臆。然多次访日，却因诸事干扰，终未撰文纪事，至为遗憾。在日本国经历，惟赴琉球难以忘怀。1995年日本朋友横里、三品、村杉诸君，陪同我在冲绳那霸市有二三天暂短逗留。首次乘潜艇畅游海底世界，又遍访冲绳县博物馆、首里城公园等反映琉球文化的名胜，深感中华文明与琉球有着密切关系。

　　琉球向我国朝贡始于明代。据《明史》载，洪武"五年正月命行人杨载以即位建元，诏告其国，其中山王察度遣弟期泰等随载入朝，贡方物。"从1372年起，明清两代，琉球王一直向我国朝贡，即开展两国贸易。明清朝廷亦多次派遣使臣前往册封。我在琉球见到1989年冲绳博物馆出版的文图并茂的《册封使——中国皇帝的使者》画册，详尽记叙了册封缘由、册封使及使团构成、天使所乘海船及航路、册封诏书、中山国王对天使七宴以及册封使之影响等等，使我们对两国间这一友好交往有了深刻的了解。明清时代，"琉球国凡王嗣位，先请朝命，钦命正副使奉勅往封，赐以驼钮镀金银印，乃称王。未封以前称世子，权国事。"（《清史稿》）。博物馆中至今还珍藏有我国政府的册封诏书。明清时代共有 24 次册使前往琉球，使臣夏往冬还，驻节琉球达半年之久，现存不少出使记录。从 1534 年陈侃、高澄的《使琉球录》，到 1808 年齐鲲、费锡章的《续琉球国志略》，共计十一种之多，成为研究琉球史地的珍贵史料，也记载了两国良好密切之关系。

我最近一次去日本是 2001 年 3 月，受奈良国立文化财泽田正昭先生之邀，在该所及神户大学作学术讲演后，泽田先生曾陪我赴北海道札幌作三日之游。印象最深的是参观北海道埋藏文化财。他们在北海道发现、发掘了许多重要的遗迹、遗物；我也首次知道北海道在千年左右存在着擦文文化。沙流川历史馆、二风谷博物馆之陈列，也给我留下不可磨灭的印象。最有趣的是，在冰天雪地里沐浴在露天温泉之中，那是一种溶入自然心旷神怡的享受。追记于此，以补旅日失记之缺憾！

本书部分照片为张彤先生摄影。张彤先生现任陕西省文物局外事处副处长，曾多次与我联袂出国考察，友谊至笃！他摄影技术精妙，所供照片为本书增光添彩，感谢之情，自不待言。

我的许多稿件，最初审稿人是我的妻子阎潜楣。妻出身金石之家，故与我志趣相通，她的点评中肯，我则多所依从。结缡四十五年，可谓齐体同心、情协金兰。她执教有方，桃李遍布，举止闲雅，待人诚信，学生爱戴，同辈推崇。我每出国，遇有学生、朋辈，愿出资相邀她与我同往。所以，也曾联袂同赴英、美、法、澳诸国。本书初稿，妻曾通校，又从千张照片中选择可用者入书，出力良多，至为感谢！

付梓在即，以此数语聊表缘由而已。

作者